KB203800

세상에는 밝음만 있다

이 우주에는 밝음만 존재한다.
어둠은 없다.
선만 존재한다.
악은 없다.
건강만 있다.
질병은 없다.

책을 내면서

세상에는 어둠 없고 밝음만 있다는 것을 깨닫고 보니 괴로움도, 질병도 다 어둠이므로 본래 없는 것들이다.

한여름의 무더위도 견디기 힘든다고 싫어할 어둠이 아니고 더위 전체를 보면 곡식을 영글게 하는 고마운 밝음이 있다. 이렇듯 전체를 보면 어둠 없고 밝음만 있다는 걸 알 수 있다.

대다수 사람은 전체를 보지 못하므로 없는 가짜를 진짜 병이라고 속아서 붙잡고 괴로워한다. 가장 중요한 것은 없는 것을 있다고 하는 데서 문제가 생긴다.

가짜를 잡고 괴로워하는 사람들에게 세상에는 어둠 없고 밝음만 있다는 사실을 알리고, 이 '어둠을 해결할 수 있는 길이 자기에게 있음을 알게 하여' 어둠(병) 없다고 굳게 믿었을 때 병원에서도 치료하기가 힘든 조울증, 공황장애 등이 바로 좋아지고 사업이 번창하는 등 놀랄 만한 결과들이 나왔다.

그래서 백여 건의 상담 사례를 이 책에 수록해 놓았지만 단 한 건의 사례도 내가 낫게 해 준 것은 없다. 오직 어둠(병) 없고 밝음(건강)만 있다고 말했을 때 본인이 믿었기 때문에 나았을 뿐이다. 만약 '내가 낫게 해주었다면 밝음만 있고 어둠 없다는 본인의 믿음이 약하므로 이내 재발할 수가 있다.'

한번은 형제가 공황장애인데 형이 먼저와 좋아지고 집에 가서 동생에게 세상에는 어둠 없고 밝음만 있다. 병은 가짜다. '병은 없다고 공부한 대로 두서없이 말해주면서 가짜라고 믿으면 되는데! 믿겠느냐?'고 물었더니 완전한 형을 보고는 고개를 끄덕이며 믿겠다고 했다. 그러자 동생이 바로 좋아진 놀라운 사실에서 어둠(병) 없고 밝음만 있다고 더욱 확신하게 되었다.

어둠 없고 밝음만 있는 본성의 마음에서 늘 밝게 살면 삶은 밝아질 수밖에 없고. 어둡게 살면 삶이 어두워질 수밖에 없다는 자명한 이치를 이제 깨달았다.

본성의 마음으로 밝은 생각과 말을 하며 건강하고 행복하게 살아갈 수 있음도 이제 알았다.

이 책을 내기까지 선뜻 책으로 묶어도 될까 망서려져 오랜 시일이 걸렸다. 하지만 밝음만 있다는 진리를 우리 생활에서나, 신앙생활에 적용했을 때 일어나는 큰 변화를 상담을 통해 무수히 겪었으므로, 조금이라도 도움이 되도록 책 전권에 기술하였다.

책을 내기까지 오랫동안 바쁜 시간을 내어 난해한 원고정리를 도와주신 홍성태 교수, 오명수 교수, 이은주 박사께 깊은 감사를 드립니다.

목차

책을 내면서

1장. 출생과 어머니와 사별

2장. 성전암의 2주

3장. 어둠 없고 밝음만 있는 체험과 본성의 마음을 앎

4장. 유형별 상담 사례

●

4-1 구안와사, 요로결석, 피부병, 가정불화

1. 요로결석(이규원, 이정선) / 28

2. 통증, 천상의 소리(임준호, 정일영, 최진권) / 30

3. 취업(권광열, 문광수, 최학열) / 35

4. 난해한 반야심경(박규덕) / 38

5. 몸이 차다(김지영) / 41

6. 가정, 친구와 불화, 술, 취업(정영아) / 42

7. 접촉성 피부염, 혈압, 자궁근종(이정은) / 44

8. 심한 접촉성 피부염(김주찬) / 45

9. 협심증(김상민, 이찬동, 이성주, 박상숙) / 48

10. 비관적인 생각, 현기증, 우울증(송은주) / 54

11. 가슴 답답, 신경성 불면(이성춘) / 55

12. 탈모, 축농증, 피부병, 치질, 위염(정재진) / 57

13. 구안와사, 눈, 손발차다, 성격 예민(송주현) / 59

14. 원하는 피부색, 용의 모습(최석준) / 62

15. 누런 검은 반점의 손바닥(남강순, 강삼구) / 63

4-2 디스크, 여드름, 아토피, 치매

16. 멎지 않는 통증과 열(손인주) / 65

17. 머릿골의 흔들림(박은주) / 66

18. 심한 성인 여드름(윤애자, 신수철, 엄재호) / 68

19. 견성과 성불(박종순) / 72

20. 암(김희정, 황옥선, 정정애, 이민태) / 74

21. 엉치 비만(김보열, 김달수) / 83

22. 해가 뜨는 모습(이정순) / 85

23. 알레르기성결막염, 비염, 변비(김영희) / 86

24. 자궁출혈, 시력 약화, 심한 아토피(김은희) / 86

25. 디스크(박건영, 박선미, 이남수, 심규열) / 91

26. C형간염(김순태) / 102

27. 손목에 가벼운 통증(권순정) / 103

28. 화, 고혈압, 안수(김성주) / 104

29. 증오심, 불면, 혈압(김성숙) / 107

30. 치매(윤순애, 정춘식) / 108

4-3 경제, 공황장애, 우울증, 천식, 불면증

31. 어린 딸 아들과 조화(설미진) / 110

32. 허리, 장, 비장, 무릎, 딸 아토피(최인숙) / 114

33. 무거운 몸, 어깨, 눈 피로, 착한 딸(문선미) / 117

34. 두통, 어깨통증, 환자들과 조화(최정임) / 119

35. 심한 천식(김순조) / 120

36. 남편과 협조, 술(박혜은) / 121

37. 공황장애, 우울증(김영미) / 124

38. 공황장애, 동생도 낫게 하다(정철민) / 125

39. 무릎, 이명, 강박증, 조울증, 우울증(최경주) / 128

40. 우울증, 불면증, 이명, 척추협착증(이순실) / 131

41. 우울증, 불면증, 술(정근석, 정명주) / 133

42. 무릎관절, 어깨, 허리 통증(최순자) / 133

43. 우울증, 불면증, 거액의 사기(박임순) / 136

44. 폐업으로 고심 중, 딸의 난청(이진영) / 138

45. 사업 번창(박성준, 김두선, 최근석) / 142

46. 경제와 건강, 땀, 눈 충혈(이태균, 한송희) / 148

4-4 게임중독, 황반변성, 당뇨, 자궁근종

47. 천국과 지옥(박노준) / 152

48. 세상에 태어난 것은(박원경) / 153

49. 백혈병(최상수) / 155

50. 심한 불화, 간절한 기도(박옥주) / 157

51. 녹내장, 당뇨(이은철) / 159

52. 황반변성(김정숙) / 161

53. 사업자의 자세(김은수, 김은실) / 163

54. 당뇨(임상수, 이상필, 정애경) / 166

55. 게임중독(장종국) / 171

56. 다리에 감각이 없다(이기숙) / 173

57. 중학생 아들이 밝아졌다(이완구) / 175

58. 초등학생의 비염과 심한 아토피(정진규) / 175

59. 갑상선(임명수) / 176

60. 심한 자궁근종(윤을주) / 178

61. 몸의 상체가 굳어지고 있다(서수교) / 180

4-5 파킨슨, 간염, 담배 골초, 향기

62. 파킨슨(이태우) / 183

63. 동자승(문수진) / 186

64. 선생님의 다른 모습(조영숙) / 188

65. 결혼과 전근(홍선희) / 189

66. 불구가 된 무릎(이창동) / 190

67. 담배 골초(장용철) / 196

68. 시도 때도 없는 감기(김동진) / 200

69. 떨어지지 않는 체온(최현자) / 203

70. 화도 원수도 간염도 없다(박헌찬) / 204

71. 화도 원수도 불면도 없다(김성도) / 208

72. 자식을 잃은 슬픔(이수희) / 212

73. 직장에서 해고된 아픔(임수민) / 214

74. 영혼 및 코로나(채종순) / 217

75. 인과응보와 업력(홍혁진) / 220

76. B형 간염(박은희) / 222

77. 향기(최필선) / 225

5장. 부록

5-1 암자에서 공부한 자료 / 230

5-2 진아관 / 239

5-3 실상관 / 252

* 사례에 나오는 이름은 모두 가명 입니다.

1장

출생과 어머니와 사별

| 1장 |
출생과 어머니와 사별

　나는 1936년 4월 경북 성주에서 태어났다. 어려서는 감나무, 버드나무 잎이 너무 아름답게 단풍이 들어있어, 가을철만 있는 줄 알았다. 그러면서 나의 마음은 지금보다 더 아름다운 세상이 따로 있는 것처럼 느꼈었다.

　7살 때 나에게 가장 소중한 어머니가 돌아가셔서 상여가 나갈 때도 소 발채를 타고 앉아 아무런 생각도 없이 보고만 있었다. 그런데 나이가 들수록 왜 나는 어머니가 일찍 돌아가시고 없을까? 무엇이 잘못 되었을까? 생각이 깊어가면서 어머니에 대한 슬픔과 그리움은 더해 갔었다.

　훗날 인과와 업보를 알기 전까지 평생 품어야 할 외로움이라고 생각하고 있었다. 기림사 암자에서 묵언 수행하시던 주광 스님을 친견하고서 그 이치를 깨닫게 되었다.

스님께서는 "모든 것은 인연에 따라 생겨 난 것, 네가 받아야 할 업보이다."라고 말했다.

아~, 그렇구나. 이 모든 슬픔과 외로움은 내가 받아야 할 업보였구나! 하고 깊이 느꼈을 때 어머니에 대한 그리운 생각은 서서히 사라지고 기억 속에만 남게 되었다.

이 어려운 문제를 이렇게 쉽게 풀 수가 있단 말인가!

나와 같은 슬픔에 젖어 있는 사람이 얼마나 많을까! 또 자식을 잃은 부모는 얼마나 슬퍼하고 있을까! 그리고 부모가 이혼한 자식들은 세상을 얼마나 원망하고 있을까! 이 괴로운 슬픔을 숙명이라 여기고 가슴에 담고 살아가는 가련한 사람에게 숙명이 아니라고 자신 있게 말해 줄 수 있는 공부를 하고 싶었다. 어디 가서 누구를 만나야 하는가? 공부를 해보려고 나름대로 애를 써보았으나, 세월만 흘러갔다.

80년도 후반에 들어서 공부할 수 있는 중요한 계기를 맞이하게 되었다. 팔공산 성전암에 법력이 높으신 스님이 계신다는 소문을 듣고 즉시 찾아가 뵙게 된 철웅 큰 스님이었다.

2장

성전암의 2주

| 2장 |
성전암의 2주

암자에서 첫 말씀이 "여러분은 직장이 있으니 프로들이 하는 공부 대신 아마추어로 공부하세요. 군살 다 빼고 지름길로 가면 2주 안에 바로 깨달을 수 있는 좋은 공부가 있지! 신을 벗지 않고 편하게 개울물을 건너갈 수 있도록 만든 징검다리가 있지요. 그 디딤돌만 디디면 개울은 쉽게 건너갈 수 있는데, 일부러 신을 벗고 개울로 들어가 물 안과 좌우를 살펴보면서 건너가야 하나요? 우리에게는 그렇게 한가하게 공부할 수 있는 시간이 없어요. 그러니, 정상에 오르지도 못하고 중도에서 멈추게 되니 참으로 안타깝지요!" 스님의 말씀이 너무 지당하게 느껴져, 과연! 그럴 수도 있겠구나! 정도(正道)로 가자 하고 스스로 다짐하게 되었다.

매일 2시간씩 2주간 스님의 지도를 받으며 공부를 열심히 하겠다는 말씀을 드리고, 가벼운 마음으로 암자를 나왔다.

수업 첫째 날, 스님은 산에 비유해 설법했다.

"산 정상에 올라가는 길을 내가 안내하겠다는 것이고 정상에 직접 오르는 것은 여러분이요! 오늘부터 공부하기로 한 9명 전원이 정상에 올라가야 합니다.

정상에 오르기만 하면 나를 알게 되므로 죽고 사는 문제는 바로 해결되고, 생사가 없는 것을 알게 되므로 근심 걱정을 안 하게 된다. 그러니 참 '나'와 실상과 현상을 깨닫는 것이 요체이지요.

그럼, 진짜 나 참 '나'를 먼저 알아봅시다. 오늘 아침에 여기에 오실 때 모두가 차를 타고 오셨지요? 오면서 본 자연환경(산, 개울, 길)은 지금은 다 내 눈에서 사라지고 없지만, '나'(心)는 없어지지 않고 여기 그대로 있지요."

스님은 차를 한 모금 마신 뒤 계속해서 말했다.

"지금 여기에 그대로 있는 나는 10년 전에도 있었고 20년 아니 100년 전에도 우주가 생기기 전에도 똑같은 내가(心) 그대로 있었지요? 그리고 앞으로도 10년 후에도 100년 아니 그 이후에도 우주가 멸한 뒤에도 시공을 초월해서 지금과 똑같은 내가 세세생생을 그대로 살고 있겠지요? 영원히 사는 나는 불생(不生, 태어날 수도 없고) 불멸(不滅, 죽을 수도 없는) 하는 나. 영원히 변치 않는 나. 시간과 공간을 초월해서 늘 살며, 무한한 지혜와 무한한 능력이 있어 우주를 굴리고, 우주를 운전하는 전지전능한 이 참 '나'를 신(神) 불(佛)이라 하고 또 신성, 불성, 영성, 성령, 성품이라고도 하며 무량광(無量光) 무변광(無邊光)의 지혜, 무한한 선(善), 무한한 생명으로 일체 만물의 실질, 일체 만물의 창조주, 아니 계신 곳 없고, 모든 존재의 바탕인 이 위대한 참 '나'가 바로 나였구나! 세세생생 우리가 바라는 가장 큰 소망이고 가장 소중한 일이라는 것을 깨달음으로 생사를 초월하게 되지요. 그래서 여러분에게 열 일 다 제쳐 놓고 먼저 이 공부를 하라는 겁니다.

높은 산(예; 히말라야 정상)을 오를 때일 수록 옆길로 들어가면 정상과는 멀어져서 중도에서 포기하고 말겠지요?

마음공부 하는 사람의 처지에서도 마찬가지 입니다. 장황하게 말이 많으면 그 말을 듣고 있던 초보자는 혼란스러워서 옆길로 들어가 지금 가고 있는 길을 잃어버릴 수가 있기 때문이지요.

물 위를 맴돌고 있는 새는 '이것이다.' 하는 목표를 정하는 순간 쏜살같이 내려가서 먹이를 낚아채 가듯, 우리 공부도 목표를 정했으면 주저하지 말고 가장 빠른 길로 가장 빠른 속도로 옆도 뒤도 보지 말고 앞만 보고 쏜살같이 나가야 합니다. 사실 새들은 민첩하게 움직이는 데도 잡지 못하고 놓치는 경우를 쉽게 볼 수가 있지요.

하지만 새는 분명히 주저함도 없이 가장 빠르게 움직였는데도 먹이를 잡지 못하고 놓쳐버렸다고 변명을 할 수도 있겠지만 전혀 그렇지 않습니다. 거기에는 반드시 주저함과 가장 빠른 길과 빠른 속도에서 벗어난 것이 틀림없을 겁니다. 우리 공부도 진전이 없을 때는 무언가 이유가 있어요. 다시 처음으로 돌아가 검토를 해야 합니다.

"참'나'를 각성하면 나도 변하고 내 생활환경도 변하여 모든 것이 한층 좋아지므로 삶이 확 달라지지요!"

수업 둘째 날.

현상세계는 실상세계의 그림자라고 하는데 그것은 모든 현상은 실상을 바탕으로 해서 생겨나기 때문에 실상이 없으면 현상도 없다는 뜻이지요. 다시 말해 현상세계는 우리의 오관으로 인식할 수 있고 오온(五蘊; 색色, 수受, 상想, 행行, 식識)과 같이 늘 변하므로 항상 함(無常)이 없는 불완전한 세계가 현상세계입니다.

실상세계는 참 '나와 같이 영원히 변하지 않는 영원불변(永遠不變) 완전한 세계이며, 오관으로는 인식할 수 없는 세계가 실상세계입니다. 우리는 이 두 세계를 확실하게 구별해야 하는데, 대부분의 사람은 눈으로 보아서 보이는 그대로가 있다고 믿고 살아가고 있지요. 이것은 엄청난 큰 착각입니다. 없는 것을 있다고 믿었으니까요! 이 없다고 하는 것을 여러분이 쉽게 이해할 수 있도록, 예를 들어 봅니다. 여기 물이 담긴 유리컵이 하나 있지요? 이 컵에 젓가락을 꽂아보면 물에 잠긴 부분은 꺾여져 보이고 퍼져 보입니다만 실제 젓가락은 꺾여져 있지 않고 퍼져 있지 않아요! 이 사실은 누구나 쉽게 알 수 있지요.

이때 꺾어진 젓가락을 보는 것은 현상을 보는 것이며, 우리의 육안으로는 꺾여 있지 않은 젓가락의 모습 실상(實相; 만물의 있는 그대로의 참모습)은 볼 수 없습니다. 하지만 우리가 볼 수 있다고 한번 가정해보면 우리는 실상을 보는 것이 되므로 젓가락의 현상과 실상을 뚜렷이 구분할 수 있게 되지요.

그리고 현상의 젓가락은 실상 젓가락을 토대로 해서 생겨난 것도 확실하지요. 더 나아가 현상세계는 실상세계를 바탕으로 해서 생겨난 가상(假象)입니다. 그래서 현상세계는 실상세계의 그림자이고, 실상세계는 모든 것의 바탕이 되는 것이죠.

따라서 현상이 있고 없고는 실상이 있고 없음에 달렸지요. 현상의 모든 것은 실상(참 '나')의 바탕에서 나왔으니 현상의 뿌리가 되어 현상은 실상과 떨어질 수 없는 한 그루의 나무와 뿌리로 비유할 수도 있겠지요. 그리고 우리 육체의 오관으로 인식하는 '근심, 걱정, 고통 같은 모든 것은 일시적으로 나타났다가 사라지는 현상'이므로 잡지 말고 일으키지 말고 놓으면 사라지지요. 사라지는 것을 없앨 필요는 없어요. 실상은 깨달음이 있어야 하므로 참 '나'를 먼저 깨닫자는 것이죠. 그러니 뜻이 있는 분이라면 누구나 쉽게 깨달을 수 있도록 앞에서 공부한 모든 것의 바탕인 참 '나'와 실상과 현상을 상세히 설명하고 중요한 뼈대를 세워놓았으니 뒤에 살을 붙이는 것은 여러분의 몫이 아닐까요.

수업 셋째 날.

뼈에 살을 붙이는 데는 다음 두 명제를 정확히 아는 것이 매우 중요해요, 「모든 것은 말씀으로 이루어졌다! 일체유심조!」 세상만사 오직 마음으로 만든다는 것을 깊이 이해하시고 말과 생각은 중요한 역할을 하므로 활용을 잘 해야겠지요.

반복되는 말과 생각은 엄청난 강한 힘(동력)이 되므로, 내가 하려는 일이 모두에게 이익이 된다면 그 일은 이미 성취되었다고 자신에 찬 강한 말로 거듭하게 되면 성취되는 방향으로 움직이게 됩니다. 관자재보살이 깊이 반야바라밀다의 수행을 하실 때 오온(物質과 마음, 二元性)이 다 공(空) 함을 비추어 보시고 일체 고액(苦厄)을 건너셨다는 반야심경의 요지에서, 현상계와 실상계가 둘이 아님을 깨달아 알지요. 물질은 본래 자성(自性)이 없어 무(無)라고 합니다. 색즉시공(色卽是空)이며, 있는 것은 실상의 묘유(妙有)뿐으로 공즉시색(空卽是色)이며, 이 모든 법(法)은 공상(空相)인 실상으로 태어남도 없고 멸함도 없으니 불생불멸(不生不滅)이라 하지요.

반야바라밀 행(行) 시(時) 참 '나' 상태서 보니(見) 오온(五蘊; 색, 수, 상, 행, 식)이 텅 비어 있음을 알고 일체 고액을 건넜다(渡). '오온도 일체 고액도 모두 헛것이고 한바탕 꿈(夢)'임을 깨닫게 되지요.

실상관(實相觀)

나의 본성(自性)이 본래 신불(神佛)이라고 깨달으면 인생(人生)의 모든 재난과 불행에서 벗어나므로, 우리의 염파(念波)를 '신불의 염파에 주파수를 맞추라'라는 것이다.

내가 바라는 대원(大願)을 세우고 일상생활을 하면서 아침저녁으로 틈나는 대로 수행한다. 꾸준히 수행하면 마음에서 간절한 믿음이 생겨 일체유심조(一切唯心造)로 믿는 대로 모든 것이 밖(외부)으로 나타나게 된다.

실상관 수행 자세 (기도문은 끝 면에 수록되어 있음)

무릎을 굽히고 발바닥 위에 엉덩이를 놓고 꿇어앉은 상태에서 가

숨과 배를 펴고 척추를 곧게 세우는 〈연화장〉 합장을 하고 앉는다. 천지(天地)를 일관하고 있는 생명자기(生命磁氣; 과학자는 引力이라고 함)에 나를 일치시킨다.

우리 몸 세 곳에는 영능(靈能)의 중추 기관인 미간, 수지, 수장 숨(息)이 있어, 이것을 한곳에 모으면 영능의 발현을 촉진 시켜 이 몸이 그대로 부처인 묘(妙)한 기운을 일으키게 된다. 단전호흡은 우리 공부에 크게 도움이 되고 건강에도 좋다고 하기에 아침저녁으로 기도를 하고 단전호흡을 시작했다. 호흡을 길고 가늘게 하되 욕심을 부리면 몸에 탈이 날 수 있으니 무리하지 말고, 밝은 마음으로 꾸준히 하면 단전에 순기(純氣)가 쌓이지만, 어두운 마음은 탁기(濁氣)를 쌓아 나도 남도 해치게 된다. 숨(息)이라고 생각하지 말고 참 '나의 무한의 살리는 힘, 우주의 생명 에너지를 즐거운 마음으로 단전으로 들이쉬고 내쉬라고 했다. 그리고 태극권 역시 우리 공부와 건강에 좋은 운동으로 무리하지 않으므로 노인이 되어서도 할 수 있는 운동이라고 하기에 그때부터 태극권 도장에 나갔다.

그리고 맨발로 걸어서 발바닥이 흙에 닿으면 좋다고 하기에 신을 벗고 맨발로 걷기도 했다. 암자에서 공부하는 3일째가 되는 날 처음으로 손가락에서 기(氣)의 흐름을 느꼈다. 다음 날부터는 하루가 다르게 그 흐름이 점점 강해지더니, 며칠 사이에 손바닥이 아플 정도로 기가 심해졌고, 미간과 이마는 난로 앞에 있는 듯 하고, 정수리는 엷어져 있는 느낌이 들었다. 2주간의 공부가 끝날 무렵에 몸은 가볍고 마음은 편하여 걸음을 걸을 때는 기(氣)가 팔을 따라다니는 듯했다.

3장

어둠 없고 밝음만 있는 체험과
본성의 마음을 알다

| 3장 |
어둠 없고 밝음만 있는 체험과
본성의 마음을 알다

그러던 어느 날 저녁, 여느 때처럼 연화장 합장을 하고 실상관 기도를 시작하는데 느닷없이, 세상 사람이 다 몰려오는 것 같은 많은 사람의 소리가 멀리서 동서남북이 아닌 온 세상천지에 꽉 차서 나에게로 오는데 심한 공포에 쌓이면서 어떻게 되는 건가? 왜 이럴까? 무서웠지만 다음 진행을 지켜볼 수밖에 없었다.

너무나 많은 사람의 소리이므로 무슨 말인지 도저히 알아들을 수는 없는데, 그 소리가 순식간에 다가와 내 몸 안으로 들어오기도 나가기도 하며 몸에 소름이 쫙 끼치고 무서웠다. 또 한편으로는 무언가 이유가 있겠지! 하며 실상관의 힘을 믿고 끝까지 기도하고 마치자, 그 소리는 일시에 사라지며 마음은 안정이 되고 머리가 맑아지는 느낌이 들었다.

다음날 기도를 할 때도 전날과 똑같은 일이 반복되었으나 아주 미세하게 느낄 정도로 공포심도 줄어들고, 기분도 개운 해지면서 마음이 조금씩 안정되어 갔다.

3일째 되는 날도 멀리서 소리가 몰려오기 시작했다. 전날과 같이 몸에 소름이 끼치고 소리가 몸 안으로 들어오고 나가기도 하는 그 두려움을 두 번이나 체험했기 때문에 능히 견딜 수가 있어서 힘은 들지만 좋아지니까 수행이라 생각하고 기도를 계속했다.

　실상관 수행 시에 일어난 소리와 공포에 대한 체험을 한 후 7일 정도 지나서 기도를 바르게 하고 있는지를 점검해 보려고 스님을 찾아뵙게 되었다. 그때 스님의 말씀은 그 소리는 한사람이 득도할 때 수 많은 영혼이 그 배를 먼저 타려고 아우성치는 소리다. 두려워 말고 지금 하는 대로 계속하라고 했다. 그래서 용기를 얻고 더욱 정진하게 되었는데, 그 후 공포가 완전히 사라지는 데는 오랜 시일이 걸렸다.

　그런데 실상관 수행은 모든 재난과 불행에서 벗어나고 공포심도 산란한 마음도 일어나지 않게 하는 수행인데, 이와는 정반대로 실상관 중에 왜 무섭고 두려운 공포심이 일어나는 것일까? 이상한 일이다!

　그러나 실상관 수행을 끝내면 소름 끼치는 공포가 일시에 사라지면서 아주 미세하게 느낄 정도로 마음은 안정되고 머리는 맑아진다. 그렇다면, 이 공포는 공포로 끝나는 것이 아니라 마음이 안정되고 머리가 맑아지는 것이 아닌가! 그렇다면 공포 만을 봐서는 안 되고 마음이 안정되고 머리가 맑아지는 전 과정을 하나로 보아야 하는구나! 그렇다. 하나다!

　공포가 일어나고 사라지는 것을 각각 독립적으로 일어난 것은 아니다. 서로가 필요해서 인과 연이 하나로 되어 소름 끼치는 공포가 일어났구나. 하지만 물러서지 않고 실상관을 계속한 나는 공포가 사라지며 마음도 안정되고 머리도 맑아졌다.

마치 매서운 설한풍(雪寒風)을 잘 견디어 내는 나무일수록 튼튼하게 잘 자라 좋은 재목이 되듯이 '소름 돋는 공포 속에서 실상관을 거듭할 수록, 공포가 사라질수록 마음은 점점 차분해지고 머리는 미세하게 느낄 정도로 조금씩 맑아졌다.' 실상관을 시작하면, 공포가 일어나고 실상관을 마치면 공포가 사라지는 기이한 체험을 하면서, 공포라는 어둠은 필요하면 생겨나고 필요하지 않으면 바로 사라지니, 공포는 홀로 존재하는 것이 아니고 인연에 따라 생멸하므로 공포는 본래가 없구나!

본래부터 있는 것이라면, 실상관을 하든 안 하든 그대로 존재해야 하는데 사라지니 없는 것이 아닌가! 그렇다. 없는 것이다.

여기서 공포라는 어둠은 '본래가 없다는 것'과 '영적으로 거듭 태어난다는 것' 이 두 가지 깨달음이 하나의 과정으로 나타났으니 이미 홀로 존재하는 어둠(공포)은 아니지 않은가. 그렇다면 세상에는 '어떤 어둠도 공포도 없다.' 그렇구나!

이 세상에 어둠이 없다면 무엇이 있다는 건가? 영원히 변하지 않고 그대로 있는 밝음(빛)이 있다. 그렇다. 참'나'의 속성인 순수한 밝음이 있다. '어둠 없고 밝음만 있다면, 이 밝음이 본성의 마음'이 아닌가! 그렇구나. 바로 본성의 마음이고 참 '나'의 마음이구나!' 어떤 어둠도 하나의 대상(공포)만을 한정해서 보면 어둠으로 볼 수 있겠지만, 실상관을 마침과 동시에 어둠(공포)은 사라지고 마음도 안정되고 머리도 맑아지는 전 과정을 통해 보니. '어둠(공포)은 본래가 없고 밝음만 있다.'

밝음(빛)이 없으면 어둠은 있는 듯이 나타나 보이지만 그것은 밝음(빛)이 없기 때문이다. 그래서 '빛이 없음을 어둠'이라고 한다. 여기서도 밝음과 어둠은 공존할 수가 없음을 보여 주고 있다. 따라서 '세상에는 밝음만 있으니 세상 어디에도 어둠은 없다.'

그렇다. 오직 밝음만 있음을 깨닫고 보니 어떤 유혹에도 마음은 흔들리지 않고 안정되는 선(禪)으로 바로 선정(禪定)에 드는구나! 선정에 들어서 어둠없고, 집착, 망상, 탐진치 없고 밝음인 참 '나'만 있음을 더욱 확신하게 되었다. 더 나아가니 우비고뇌, 생로병사가 없는 해탈이고 열반이구나!

내 마음 밝으면 밝음만을 봄으로 전체를 보지만 내 마음 어두우면 어둠만을 봄으로 전체를 못 보니 없는 어둠을 있다고 하는 데서 만사를 그르치는구나! 꽃이 진다고 아까워 말라 꽃이 져야 열매를 맺는다. 이처럼 전체를 통해 보면 아깝다고 할 어둠이 없다는 것을 바로 알게 된다. 없는 어둠인 화가 있고 탐진치도 있다고 분별심을 일으키면 나도 해치고 남도 해치지만, 밝음만 있고 어둠 없다고 확신(確信)만 하면 만사형통으로 나도 살고 남도 살린다.

우리 인간에게는 누구나 잘 할 수 있는 무한한 지혜와 능력을 본래부터 가지고 있는 완전한 실상(實相; 참 '나')이 나라는 사실을 깨닫게 하여 자신감을 가졌을 때 놀랄만한 결과가 나온다.

병원에서는 치료하기가 힘든 목디스크, 녹내장, 조울증, 공황장애 등 건강문제와 원한으로 쌓인 인간관계, 사업, 취업, 결혼 성사 등의 문제를 가지고 나를 찾아오는 사람이 많다. 한 시간 정도의 대화로 좋아질 수 있을지 가늠할 수도 있고, 대화가 끝난 후 한결같이 마음이 편하며, 어둠 없고 밝음만 있는 대화로 완전히 좋아진 뒤에는 재발이 없다는 것이다.

상담 시 기본으로 하는 공부.

1) 현상계 삼공(空)의 없음을 설하고,

2) 있는 것은 밝음과 참 '나'만 있다.

3) 우리 인간도 참 '나'의 속성인 무한한 지혜와 무한한 능력, 무한한 힘을 다 갖추고 있는 완전한 신불이며 바로 나라는 사실을 자각(自覺)하도록 한다.

4) 말의 힘, 믿고 하는 말과 반복하는 말은 엄청난 큰 힘으로 목표를 바로 명중시킨다.

5) 인정(認定)하면, 즉 씨를 뿌리면 존재(存在)에 든다. 어둠의 씨나, 밝음의 씨나, 뿌린 씨는 싹이 난다. 어둠이 있다고 인정하면 밝은 씨를 뿌릴 수 없다.

6) 싹이 나서 존재하더라도 인정(뿌리지)하지 않는다면 에너지(인정하는 염력) 고갈로 사라지고 만다.

4장

유형별 상담 사례

| 4장 |
유형별 상담 사례

4-1 구안와사, 요로결석, 피부병, 가정불화

1. 요로결석

• 이규원 사례(1)

'이렇게 아플 수가 있느냐?'며 연구실로 찾아온 이교수는 요로결석으로 괴로워 했다. 요로결석의 크기가 작은 땅콩 알 만한데, 움직이면 견딜 수 없을 정도로 아프고 지금은 돌이 움직이지 않고 있는데도 집게로 살을 찢고 있는 것 같이 아프다며 고통스러워 했었다.

먼저 통증을 없애려고 손을 대면서 '결석이라고 하는 것은 가짜이다. 병이 아니다. 없는 가짜를 잡고 아파하고 있어요.'라고 하면서 가짜라는 증명을 해보이겠다고 했다.

요로결석이라고 아파하고 있는 이것은 주의하라는 경고등이다. 경고등이 아플 수는 없지! 라고 말하는 사이, '통증이 없는데요! 정말 시원합니다.' 아파하는 가짜는 없다. 그럼 본래대로 좋아진 것이다.

마음에 확신을 심어야 완전한 내 것이 될 수 있으므로 앞에서 공부한 것을 숙지(熟知)하고 감사 조화행을 많이 하는 것이 좋다고 했다.

다음날도 전날과 같이 대화를 하면서 어둠은 없고 밝음만 있다고 다시 한 번 더 강조하고 두 번으로 끝내면서 이젠 완전하다. 건강하다고 했다. 이 교수 본인도 확신을 가지며 얼굴에는 생기가 돌았었다. 사진을 찍어 확인해보는 것도 믿음에 더욱 확신을 가져올 수도 있어 좋다고 했다,

병원에서는 환자가 소변을 볼 때 전혀 통증이 없고 약도 먹지 않았다고 하는데, 통증이 없다니 이상하다고 하며 20장 정도 사진을 찍어 본 결과 어디에도 결석이 없다는 소견서를 가져와 보이기도 했다.

여기서 주의할 것은 이런 사실을 믿지 못하는 사람들이다. '그런 것을 믿느냐?'고 부정하게 되면 아직 믿음이 뿌리를 내리지 못했을 경우는 마음이 흔들려 다시 재발할 수가 있으므로 말하지 말라고 한다. 그리고 얼마 후에는 손수 나무판에 실상(實相)이라고 정성을

들여 새긴 조각품 3장을 가지고 왔기에 고맙게 받아 필요할 때 잘 활용하고 있다.

• 이정선 사례(2)

이 교수의 경우는 매우 작은 요로결석이 백여 개나 되는데도 통증은 별로 없다고 했다. 하지만 담석이 언제 통증을 일으킬지를 모르니 불안해하고 있었다.

세상에는 어둠은 없고 밝음만 있다. 우리에게는 본래부터 가지고 있는 무한한 지혜와 능력을 지닌 완전한 실상이 바로 나 임을 알게 하여 내 몸을 믿고 내 잠재의식을 믿도록 하고는 앞 사례와 똑같이 그대로 몇 번을 시도해 보았었다. 반응이 별로였지만 크기는 줄어들었다가 어느 사이에 본래대로 커지기를 반복하면서 전체개수는 그대로 있다고 했다. 이것은 아픔이 크게 있는 것과 없는 것, 그리고 어둠 없고 밝음만 있는 것, 전지 전능자인 참 '나'를 받아들이는 정도의 차이로 보여 수술로 제거하는 것이 좋을 것 같다고 권하였다.

2. 통증, 천상의 소리

• 임준호 사례(3)

1교시 시작 전에 건장한 학생이 발목이 아프다며 조퇴를 하려고 했었다. 원인을 물었더니 차가 정차하기 전에 내리다가 차에 부딪혔다고 했다. 운전기사가 불렀을 때는 부끄럽다는 생각에 아픈 줄도 모르고 걸어왔는데, 오다 보니 통증을 느꼈다는 것이다.

그래서 이 통증만 없으면 되지? 라고 물으며 내 말이 이해하기가 힘들겠지만 믿어야 한다. 통증을 없애기 위해서는 지금 발목이 부어오른다는 것, 아파하는 이런 것 들은 모두 가짜이고 없는 것이다. 없는 것을 있다고 절대 인정하지 말라는 것이다.

'너는 정직하고 순진하지?' 예, 정직하고 순진합니다. 그러면 없다고 하는 것 그대로 믿지? 예, 믿습니다.

이제는 아픔은 없다. 부어오름도 없다. 하니까 아프지 않고 오히려 시원하다고 말했다. 부어있던 발목의 부기도 다 빠진 것을 보고 신기해하고 기뻐하면서도 의아해했다.

임군에게 수일 내로 와서 발목 부상이 정상으로 돌아왔는지 확인도 하고, 왜 그렇게 되는지를 아는 것이 좋다고 했다.

며칠이 지난 오후에 상담실로 찾아온 임 군을 비롯한 5명의 학생과 마주 앉게 되었다. 임 군은 먼저 발목을 다쳤던 다리로 바닥을 탁탁 차 보이며 아프지 않고 완전하다고 감사를 했다. 그러면서 버스에 부딪혀 아팠는데 아픔이 순간적으로 사라진 것을 믿을 수 없다는 친구들이 있어서 함께 왔다고 한다.

밝음만 있는 진리를 모르니 믿을 수 없다고 한 말은 지극히 당연하지! 그렇지만 믿을 수 없다고 하면서도 한편으로는 그럴 수 있을까? 하는 의문의 씨를 여러분의 마음에 임군이 심어 놓았으니 여러분은 이 의문을 풀고 좋은 결실을 수확해야 한다.

교통사고 등 그런 일이 일어나는 것은 우연이나 재수가 없어서가 아니다. 반드시 어떤 원인에 의해서 이런 결과가 일어나기 때문에 (콩을 심으면 콩이 난다) 원인과 결과는 절대로 분리될 수 없는 하나이므로, 앞으로 매사에 주의하라는 경고등이다! 그래서 차분하고 침착하라는 경고등임을 깨달았다면 대단한 수확이다.

오늘 공부의 본론으로 들어가면 '세상에는 어둠은 없고 밝음만 있다'라는 것을 여러분 이해하겠어요? 하니까 고개를 가로저으며 아니라고 했다. 사실 우리는 어둠도 밝음도 매일매일 접하면서 살아가고 있는데, 이 어둠이 없다는 것은 얼른 이해가 안 된다.

왜 어둠이 생겨나고 없어지는가를 알려면 자연의 이치를 설명하는 것이 이해가 빠를 것 같아 예를 들어본다.

해(빛)가 지면 어두워지고, 해가 뜨면 밝아진다. 해(빛)가 있으면, 어둠은 없어진다, 이래서 빛이 없는 것을 어둠(그림자)이라 한다.

그림자는 실체가 없다. 실체가 없으니 아무리 짙은 어둠(그림자, 병)이라도 빛이 들어오면 흔적도 없이 사라진다. 이와 반대로 밝음이 있는데 어둠(그림자)이 들어 올 수가 있을까요? 절대로 들어올 수가 없다! 그래서 어둠은 본래부터 없다는 것이다. 어둠은 밝음 앞에서는 버틸 재간이 없다. 이길 수 없다.

이제 어둠은 없고 밝음만 있음을 확실히 깨달았지요? 고개를 끄덕여 긍정을 했다. 오늘 이 소중한 체험은 영원토록 간직하고 활용할 진리다. 없는 어둠(병)은 인정하지 말고 오직 실제로 존재하는 밝음(건강)만 인정하라.

이 말은 영원불변(永遠不變)의 진리로 오직 참 '나'만 있다고 깨달으면 팔정도(八正道)의 알맹이인 정견(正見; 바르게 본다는 뜻으로 바른 견해를 말함)을 실천하는 것이 된다.

이 영원불변의 진리, 어둠은 없고 밝음만 있다. 참 '나' 만 있다는 것을 믿고 인간에게는 누구나 잘 할 수 있는 무한한 지혜와 무한한 능력, 무한한 힘을 본래부터 가지고 있는 완전한 실상(實相의 알맹이가 참 '나' 혹은 신, 불)이라는 사실을 자각(自覺)하도록 한다.

스스로 깨달아서 과연 이것이구나! 하는 확신을 가졌을 때 삶이 달라진다.

● 정일영 사례(4)

정 군이 느닷없이 '교수님이 없어졌습니다. 소파만 있습니다.'라고 말해 모두가 놀라 의아해하며 정군을 바라보았다. 그리고 나는 이 소파에 그대로 앉아 한 번도 자리를 떠난 적이 없다고 하니까, '그런 뜻이 아니고 제 의식에는 소파가 텅 비어 있었어요.'

그래서 나는 '우리는 서로 마주 보고 앉아 말을 하고 있지 않았느냐? 우리는 모두가 앉아 있으니 말소리가 수평으로 들려야 하는데 내가 없어졌다면 내가 하는 말은 어디서 들리던가?' 하니까

'소리는 하늘에서 들렸어요. 하늘에서 내려와요.' 하면서 감격에 차 말을 잇지 못하고 있었다.

'그럼 내 말소리는 내 소리가 아니던가?' 육성의 소리가 아닙니다. 육성의 소리가 아니라면 깨끗한 마이크 소리와 같은가? 아닙니다. 마이크 소리는 너무 둔탁합니다. 아주 맑은 소리, 한번도 들어본

적이 없는 맑고 깨끗한 소리, 하늘에서 울려 나오는 힘찬 소리입니다. 말로는 표현할 수가 없습니다. 라고 거침없이 말하고는 멍한 표정을 지었다.

모두가 이 말에 놀라며 신기하게 여겼다. 누구라도 알고 싶은 것이 있으면 더 물어보라고 했다.

● 최진권 사례(5)

최 군은 나는 교수님의 소파가 비어 있다고는 한번도 느끼지 못했는데 넌 언제부터 그렇게 느꼈니? 하고 물으니 정 군은 이내…….라고 대답하며 멍한 채 있었다.

그러자 최 군이 맑고 깨끗한 소리는 어떤 소리인지? 하늘의 소리는 어떤 걸까, 궁금한데 라고 물으니 정 군은 그저 고개만 끄덕일 뿐 아무 말이 없었다. 아직 감격에 취해 있는 것 같아 오늘 공부를 정리했다.

지금까지는 나의 모습이 변한다는 말과 음성이 보통 때와는 다르다는 말은 가끔 들어 왔지만, 오늘처럼 대화 중에 내 육신이 통째로 없어졌다는 말은 처음 들었다.

정 군의 이 귀한 체험은 본인은 물론이고 이 자리에 참석한 여러분과 독자가 공유할 수 있는 소중한 체험으로, 모두가 깨닫고 활용할 수 있었으면 한다.

세상에는 밝음만 있고 참 '나'만 있다. 라는 것과 나는 무한지혜, 능력, 힘을 다 가진 전지 전능자임을 깨달을 수 있다면, 마음이 항상 밝아 근심, 걱정, 고통, 번뇌가 없고 탐진치가 붙을 수 없다. 내 공부는 엄청나게 향상되어 삶이 크게 달라지는 큰 변화가 일어난다. 밝은 마음은 밝은 일만 불러들인다.

3. 취업

• 권광열 사례(6)

대학 학생회 총무로 간부 12명과 함께 상담실로 와서 졸업을 앞두고 취업을 걱정 하길래 신경 쓸 것 하나도 없다고 말했다.

먼저 세상에는 밝음만 있다. 어둠은 없다. 참 '나'만 있다. 이 영원불변의 진리를 말해 믿도록 하고, 그 다음은 인간에게는 누구나 잘 할 수 있는 무한한 지혜와 무한한 능력, 무한한 힘을 본래부터 가지고 있다. 본래부터 가지고 있는 완전한 실상이 나(신, 불)라는 사실을 깨달아 자각(自覺)하도록 하는 것이다. 오늘 실상과 참 '나에 관한 공부는 여기까지 하고 개별로 와서 상담해도 좋다고 말했다. 그리고 대부분 취업희망자는 돈 많이 주고, 근무조건 좋고, 승진 잘 되는 대기업을 원하지만, 매우 잘못된 생각이라고 했다.

취업할 자리가 나와도 내가 바라는 업체가 아니라고 하면서 스스로 못 가도록 녹화한 잠재의식으로 얽어매는 결과를 가져와서 취업을 못 한다. 좋은 정보를 주어도 시큰둥해하며, 본인에게 적합한 업체인데도 선호하는 힘이 없어 기회를 놓치고 말 것이다.

그래서 대기업에 딱 맞는 조건을 갖춘 소수의 사람을 제외하고는 이런 생각을 하지 말라는 것이다. 그럼 어떤 마음 자세를 가져야 할까요?

- 내가 이 회사를 위해서 무슨 일을 할 것인가? 에 초점을 두고 열심히 일하겠다는 각오를 하는 것이 가장 중요하다. 회사에서는 이런 인재를 찾고 있다.

- 마음은 이미 채용된 기분으로 '일하도록 기회를 주셔서 감사합니다.' 채용해 주셔서 감사합니다. 열심히 하겠습니다. 하고 감사한다.

- 입사지원서를 제출하기 전에 앞에 놓고 일할 각오를 소리 내어 말한다. 반드시 그렇게 하겠다는 다짐을 마음으로 확신하면 어느새 자신감이 붙는다.

마음으로 굳게 다진 각오는 사라지지 않고 회사에서 꽃을 피우게 된다! 그래서 입사하는 것으로 끝나지 않는다. 입사만을 노렸다면 올바른 마음 자세가 아니라 꼼수를 부린 것이니 회사에서 자기의 존재는 이내 사라지고 말 것이다.

세상에는 밝음만 있으므로 우리의 올바른 마음 자세는 밝음이 있는 쪽으로 뻗어 나갈 때 각오가 그대로 살아서 회사에서도 훌륭한 인재로 성장한다. 회사에서는 이런 훌륭한 인재를 찾고 있어요. 하고 올바른 각오의 중요성을 말했다.

● 문광수 사례(7)

문군이 질문하기를 '중요한 것은 성적과 실력이 우선이라고 생각합니다. 그런데 말로서 취업이 좌우되는 것 같아서 이해가 안 된다.'라고 했다.

그렇지 않다. 입사지원서를 제출받을 때 성적, 신원, 건강 등 조건에 맞는 지원자를 배수로 뽑아 서류전형으로 통과시킨다. 그다음은 면접시험인데 수험생의 마음을 알려고 온갖 노력을 다 기울여 답하기 힘든 질문도 하면서 회사에 꼭 필요한 인재를 뽑는다.

● **최학열 사례(8)**

최 군이 또 질문하기를, 면접시험을 보는 지원자 모두 채용해 주셔서 감사합니다. 열심히 하겠습니다, 라고 간절한 마음으로 기도한다면 순서를 어떻게 정합니까?

인간은 닮은 사람은 있지만 똑같은 사람은 하나도 없다. 마음이 서로 다르기 때문에 면접을 보는 수험생의 마음도 다 다르다. 다 같은 소리로 믿고 하는 말이라도 믿는 강도에 따라 마음은 차이가 있으므로 면접관에 와 닿는 느낌에 정확하게 순서가 나온다. 참석자 모두는 고개를 끄덕이며 수긍하면서 마쳤다.

그리고 2주 후에 기본교육을 마친 학생회 권 총무가 우수한 공기업에 면접시험이 있어 찾아 왔다. 지난번에는 취업자의 마음 자세에 관해서 상세히 말했지요.

－ 면접 시에는 대면하고 있는 면접위원 모두에게 마음속으로 채용해 주셔서 감사합니다. 앞으로 열심히 하겠다는 각오를 굳게 약속합니다라고 한번으로 끝내야 한다. 그것으로도 서로 교감이 오고 감을 느낄 수 있다! 꼭 합격해야 한다는 집착 없는 내 마음은 늘 밝으니 밝은 결과가 오겠지요.

면접을 보고 그다음 날 합격을 알려왔다! 축하한다는 인사와 함께 면접 시에 합격할 것을 느꼈느냐고 물었다. 예, 바로 알아차렸습니다, 밝은 마음으로, 채용해 주셔서 감사합니다. 열심히 하겠습니다. 하고 심사위원석을 보니 모두가 저만 보고 있는 것 같았고, 면접이 시작되자 저에게만 질문하고 상대해주는 것 같았습니다. 면접위원들 모두 긍정의 미소를 보내고 있음을 느낄 수 있었습니다. 수험생들도 면접장을 나오면서 제가 합격하겠다고 서슴없이 말해주었습니다.

정식 발표는 신원조회, 건강검진 등이 끝나고 한 달 뒤에 합격증을 가져왔고, 입사해서는 전국사원 연수교육에서 두 번이나 1등을 한 성실한 사원으로 성장했다.

4. 난해한 반야심경

• 박규덕 사례(9)

기본교육을 마치고 상담 공부를 하게 된 박교수가 반야심경을 독송하는데 이해가 잘 안 된다고 합니다. 반야심경은 가장 많이 읽는 경인데 그냥 읽기보다 '내 마음을 먼저 알고 그 바탕 위에서 읽으면 한눈에 다 들어오니 이해가 잘 됩니다.'

내 마음은 우주보다도 넓고 크면서 허공과 같이 텅 비어 있다. 텅 비어 있으면서 나의 속성을 다 갖추고 항상 깨어 있어, 추우면 추운 줄 알고 더우면 더운 줄도 아는 이것이 내 마음이다. 이 마음은 시공을 초월한 영원불변으로 수명도 무한, 지혜도 무한……

이 바탕에서 나를 살펴보자. 나는 불멸(不滅)이니 불생(不生)이고 불구(不垢), 부정(不淨), 불증(不增), 불감(不減)만 있고. 나머지는 현상의 없음(無)을 설한 것이다. '오온(五蘊) 색(色; 물질), 수(受; 느낌), 상(想; 생각), 행(行; 행동), 식(識; 분별, 앎)도 없고, 오온으로 생긴 일체 고액(苦厄)도 전도된 망상도 없다.' 이 사실을 깨닫고 보니 최고의 깨달음인 아뇩다라삼막삼보리를 얻는다. 구경 열반(涅槃)이다.

박교수는 이렇게 있는 것과 없는 것을 확실하게 구분하여 설명해 주시니 쉽게 알겠습니다. 밝은 얼굴로 고개를 계속 끄덕이며 수긍을 했다. 반야심경에는 '진짜 나만 있다. 나 외에는 아무것도 없다는 것을 잘 관(觀)해보니 오온도 없고, 오온이 만든 어떤 것도(있는 것처럼 보일 뿐이지) 없는 가짜다.' 그러니 오온을 '나'라고 인정하지 않으면 나를 바르게 안다. 반야심경의 요지를 한 번 더 강조하면서 묻고 답을 했다.

오온으로 생긴 번뇌 망상은 존재합니까? 존재 안 합니다. 왜 존재 안 합니까? 오온은 없는 가짜이기 때문입니다. 고집멸도(苦集滅道)가 있습니까? 없습니다. 탐진치 있습니까? 탐진치도 없습니다.

이런 자신 있는 대답은 반야심경을 읽으면서 많은 의문을 가졌기 때문이다. 그리고 나를 바르게 알고 보니 내 마음은 영원불변하는 하늘과 같은 존재로 나만 있고, 이 우주에는 아무것도 없다. 텅텅 비어 있어 걸림도 집착도 붙을 데[處]가 없다는 공성(空性)의 지혜, 반야의 지혜를 마음에 각인할수록, 나의 언행을 돌아볼수록, 그 힘으로 지혜가 생긴다. 어느 종파에서나 지혜의 보고인 반야심경 독송을 권하는 것이다.

박교수는 2주 만에 참석하여 우주보다 더 큰 내 마음 바탕에서 있는 것과 없는 것을 확실히 알았고, 우리말 반야심경을 매일 즐거운 마음으로 수십 번을 읽고 또 읽었더니 마음이 편해지면서 많은 변화가 있었습니다.

무엇보다 내 마음이 우주보다 크고 순수하고 밝고 청정하다는 생각이 늘 자리하고 있어 마음이 아주 편안합니다. 지금까지는 매사에 잘하려는 생각이 앞서 있고 성격이 소심하여 한번 화가 나면 오래가는데 이제는 화낼 일이 전혀 없고 마음도 느긋하여 여유가 생겼습니다. 모두 합장했다.

*반야심경에 대한 저자의 체험

어느 날, 안동에 문상을 갔다가 돌아올 때였다. 비가 조금씩 내리기 시작하더니 낙동강을 건너올 무렵부터 심한 천둥 번개를 동반한 강풍이 불어 앞을 분간하기가 힘들었다. 주행하던 차들이 하나둘씩 도로 갓길에 세우기 시작했고, 우리도 차를 세웠다.

핸들을 잡은 김 교수에게 반야심경을 믿지요? 라고 물었다.

예, 믿습니다.

반야심경의 핵심은 참 '나'만 있고 그 밖에는 아무것도 없다는 것 아닙니까? 그러므로 현상세계에서는 심한 천둥 번개와 비바람으로 주행을 막는 어둠 없다는 것을 굳게 믿으면 됩니다.

김 교수와 함께 반야심경을 독송하기 시작하고 출발하면서도 깊은 믿음으로 독송을 계속하고 있었다.

그러는 동안 우리 차가 주행하는 주위에만 신기하게도 비가 내리지 않았다. 독송을 멈추니 또 비가 오기 시작하고 독송하면 비가 그치는 신비스러운 일이 일어난 것이었다.

이것을 우연이라고 할 수 있을까? 우연이 아니라면 반야심경의 힘을 믿어야겠지요. 여러분의 판단에 맡긴다.

5. 몸이 차다

• 김지영 사례(10)

김지영님은 기본교육을 마치고 수업 3일째 되는 날부터 손발이 따뜻해지기 시작했다. 기쁘고 밝은 마음으로 어둠인 질병은 본래 없는 가짜이고 밝음인 건강만 있다. 밝음만 있다는 말에 끌리어 그렇지! 확신하며 나는 건강하다는 말이 입에서 자연스럽게 나왔다.

그동안 약으로 치료를 해보았으나 별 효과를 보지 못했는데, 나도 모르는 사이 나팔관 막힘이 뚫렸으며 생리통, 손발 저림, 빈혈, 팔다리 아픔도 없어졌습니다. 모든 것이 자연스럽게 다 나았습니다. 라고 하면서 좋은 말씀 듣고 싶다고 하여 상담하게 되었다.

저의 몸에는 경고등이 많았습니다만 세상에는 어둠은 없고 밝음만 있다는 말에 끌리어, 그렇다! 하고 확신하니까 자연스럽게 경고등이 사라지고 나는 건강하다는 말이 입에서 계속 나온 것입니다.

믿고 하는 말이 거듭되면 엄청난 힘이 되어 목표를 바로 명중시

킵니다. '믿을수록 커지고 거듭할수록 커지는 것이 힘입니다.'

그런데 몸에 경고등이 다 꺼지고 좋아졌다 해서 끝나는 것이 아니고, 세상에는 밝음만 있음을 깊이 인정하고 영원한 나의 등불로 삼고 살아가야 경고등이 다시 생기지 않는다.

한여름에도 양말을 벗지 못하며 얼음같이 차가웠던 것입니다. 고통을 일시에 고쳐 주어 감사를 드린다고 거듭 고마워했다. 육체는 주인의 마음을 따라간다.

김지영님의 아픔은 내가 고친 것이 아니고 다만 낫는 방법을 일러준 것이다. 어둠(병)은 본래부터 없고 밝음(건강)만 있다는 것을 받아들인 김지영님의 강한 믿음이 아픔을 고쳤다는 사실을 올바르게 알아야 한다. 그러면 이 깨달음이 나의 영원한 등불이 된다. 밝은 모습으로 합장한다.

6. 가정, 친구와 불화, 술, 취업

● 정영아 사례(11)

현명한 마음가짐과 취업에 관해 상담을 원하는 졸업반 학생으로 기본교육을 마치고 수업 5일째 날에 상담하였다. 요 며칠 사이에 많은 변화가 있었다. 본인이 변하고 환경도 변해 너무 기쁘다며, 얼굴이 매우 밝았다. 그래 무엇이 얼마나 변했느냐고 물었다.

- 엄마와 불화가 심해 괴로워하고 있었는데 기본교육을 한 그날부터 갑자기 엄마와 좋아졌습니다. 그리고 그동안 즐겨 먹던 술에 대한 생각이 없어졌습니다. 또 팔에 가려움증이 심했는데 사라졌습니다.

- 한 동안 연락이 없던 친구들과 지인들로부터 연락이 오기 시작하고 만나면 모두 즐거워하고 서로를 위해주는 것 같았습니다.

- 그리고 면접을 보면서 '일할 기회를 주셔서 감사합니다. 열심히 하겠습니다.' 다짐하며 자신 있게 면접을 잘 보았습니다. 면접관들도 저의 다짐에 크게 호응해주는 것을 느꼈습니다.

다음은 입사한 후 2차 상담 기록이다.

- 입사 후 처음 얼마 동안은 동료들과 사이가 좋았는데 어느 사이에 틈이 생기기 시작했습니다. 갈등이 심해지고 있는데 어디서 잘못된 것일까? 세상에는 밝음만 있고 어둠은 없는데 왜 있는 밝음을 보지 않고 없는 어둠을 보려고 했을까? 크게 깨닫고 밝음을 보자, 동료들과의 관계도 바로 좋아지고 업무처리도 나를 앞세우지 않고 참 '나'(신, 불)에 맡겨버리니 원만하게 처리되고 있습니다.

그리고 지금까지는 두 사람이 담당하던 미국에 관한 일을 이제는 혼자 하고 있답니다.

'자기를 되돌아보는 공부, 자기를 반성할 줄 아는 공부가 앞으로 나갈 수 있는 가장 소중한 공부다.' 반성이 없었다면 어둠 속에서 반성할 때까지 길을 잃고 헤맸을 것이다.

그렇지만 자기를 되돌아보고 세상에는 어둠이 없고 밝음만 있다는 것을 알고, 대처할 수 있었다는 것은 공부가 그만큼 향상되었음을 보여 준 것이다. '내 마음이 밝아져 있다면 어디서나 사랑받는 것'이 당연한 일이다. 앞으로도 밝은 쪽으로만 가면 나도 성장하고 회사도 성장하니까 회사에서는 이런 유능한 일꾼을 찾으려고 노력을 많이 할 것이다.

7. 접촉성 피부염, 혈압, 자궁근종

• 이정은 사례(12)

알레르기 피부와 고혈압으로 상담을 원하는 전직 교사로 기본교육을 마치고 상담을 하게 되었다.

이정은 님은 심한 접촉성 피부염으로 간혹 걸어가다가 탈이 나면 발바닥에 구슬만한 것이 부풀어 올라, 걷지 못하고 사그라지기를 기다렸다가 걸었다. 그리고 혈압은 고2 때부터 높아(110~165) 약을 먹어도 떨어지지 않아 힘이 많이 들었던 것이다.

그리고 눈은 시력이 약하고 심한 통증으로 불면증까지 왔고, 어머니와 불화, 자궁근종 등으로 괴로워하고 있었다.

병의 모든 것을 알고 보면 병이 아니고 주의하라는 경고등이다! 병이 아니다. 그래서 아픈 곳 하나하나를 고치려 하지 말고 기본교육을 할 때처럼 '세상에는 어둠이 없고 밝음만 있다. 병은 없는 가짜라고 믿으면 병이 단번에 사라진다.'

그러나 병이 있다고 인정하면 병은 그대로 있고, 인정하지 않으면 병은 없다. 아주 쉽다.

오직 인정해야 할 것은 건강이다. 나는 건강하다고 하면 어느 사이에 건강해 있다. 믿고 하면 바로 되는 것이다. 인간은 때로 주인이 지시하는 말을 거역할 때도 있지만 '육체 세포 자신은 보고, 듣고, 행동하는 자성이 없어, 주인의 생각(意)을 따를 수밖에 없다. 물한 컵을 마시는 것도, 어디를 가고 오는 것도, 누구를 만나 무엇을 하는 것도, 건강하다고 하면 바로 건강해지는 것도, 괜찮다고 하면 바로 괜찮아지는 육체는 주인이 하라는 대로 한 것이다.' 그래서 열일 다 제쳐놓고 공부하라는 것이다.

얼마 후 이정은 님은 안 좋았던 몸이 한꺼번에 다 좋아졌다고 기뻐했다. 눈에 통증이 심했는데 어느 사이에 사라졌습니다. 심한 접촉성 피부염이 많이 좋아졌습니다. 불면증도 사라졌습니다. 약을 먹어도 내려가지 않던 혈압이 정상이 되었습니다. 하혈이 멈추었습니다. 어머니와 사이도 아주 좋아졌습니다. 3개월 전에 자궁근종으로 진단을 받고 신경이 많이 쓰였었는데, 다시 병원에 가서 검사를 받아보았더니 자궁벽도 얇아지고 난소의 혹(4.8㎝)도 없어졌습니다. 사람들이 몰라볼 정도로 얼굴이 좋아졌다고 합니다. 이정은 님의 얼굴은 밝고 생기가 돌고 있었다.

이정은 님은 공부를 아주 쉽게 잘 했다. 세상에는 있는 밝음만 인정하고 없는 어둠은 일체를 인정하지 않았던 것이다.

'가장 중요한 것은 인정하는 것이다. 인정하면 바로 존재에 든다.' 이정은 님은 오늘 이 고귀한 체험을 평생 나의 등불로 삼고 늘 웃으면서 살아가겠다고 했다.

8. 심한 접촉성 피부염

• 김주찬 사례(13)

김주찬 님은 우리 대학을 졸업하고 결혼을 앞둔 청년이다.

심한 접촉성 피부염을 앓고 있는 사실을 신부에게 숨길 수도 없고 말하려고 하니 잘못될까 봐 고민하고 있었다. 신부를 많이 좋아하는 청년에게 어떤 어려움도 해결할 방법이 있으니 걱정하지 말라고 했다.

어떤 물체와 부딪치기만 하면 피부가 탁구공처럼 부풀어 올랐다가 사라진다는 것이다. 보통사람들은 심하게 부딪치면 멍이들지만 청년은 조용하게 쉬면서 30~40분이 지나면 사라진다고 말했다. 지금부터는 부딪치면 피부가 부풀어 오르고 얼마 있다가 사라진다는 어두운 생각을 일절 하지 말자. 그래도 신경이 쓰이면 그때마다 괜찮아, 건강하다. 건강하다고 자신을 가지고 말을 하라고 했다.

세상에는 어둠이 없고 밝음만 있으므로 부딪치면 피부가 부풀어 오르고 애를 먹는다는 생각은 어두운 생각이므로 떠올려서는 안된다. 그런데도 생각으로 떠올려 걱정을 하고 있으니 어둠을 붙잡고 있는 꼴이라 사라질 수가 없다. 이제부터는 신경이 쓰이더라도 마음에 떠 올리지 말고 '괜찮다. 건강하다고 말을 하라'고 했다. 이것은 일체가 유심조이다. 진리에 부합하는 말이므로 바로 좋아질 수 있다.

다음으로 있는 것은 밝음인 건강만 있고 완전한 것만 있다. 그러니 '건강만, 내 마음에 완전한 것만 떠올리라는 것이다.' 그리고 인간에게는 무한한 지혜, 능력, 힘이 있어서 어떤 일도 잘 할 수 있다는 진리를 깨닫고 자신감을 가져야 한다.

이렇게 말하고는 눈을 감게 하고 내 말을 따라 하게 했다. '세상에는 밝음인 건강만 있다. 어둠인 질병은 없다. 나는 건강하다. 건강 자체가 바로 나다. 질병은 본래가 없는 망상이다.'라고 말하면서 믿을 수 있느냐? 믿을 수 있다고 하여 김 군에게 말하고 싶은 대로 속으로 말하라고 하였다.

그런데 2~3분이 채 안 되었는데 두 손으로 입을 버팅기며 힘들어하기에, 1분 정도 지난 후에 원을 그리고 중심을 향해 손가락으로 튕겼다. 그리고 눈을 뜨게 하였더니 내 손을 잡으며 이 손이 저를 살렸습니다라며 놀라고 당황해하며 오늘 잘못되는 줄 알았습니다. 머리가 아프면서 힘이 싹 빠지고 몸이 땅속으로 빨려들어 가는 것을 느꼈습니다. 또 입 언저리가 입안으로 빨려 들어가는 것 같아서 빨려 들어가지 않으려고 손으로 버텼습니다.

눈을 뜨니 악몽을 꾸다가 잠에서 깬 것 같습니다. 참으로 다행스럽고 살았다는 안도감으로 마음은 상쾌하고 편안하고 몸도 편안합니다.

꿈을 깨면서, 즉 눈을 뜨면서 '지옥이 천국으로 바뀐 것이다. 다시 말해 지옥은 본래부터 없고 천국만 있는데, 내 마음이 어두워지니 지옥으로 바뀌고 내 마음이 밝아지니 천국으로 바뀌었다.

꿈이라고 했지만 실은 꿈은 아니고 생시(生時)인 것이다. 나는 여기서 삼장법사의 손오공을 보는 것 같았다. 월계관을 머리에 씌우니 머리를 아파하고 바위로 누르니 땅속으로 빠져드는 것 같은 이런 일들을 김군과 나만이 아는 사실로 누가 믿겠는가?

믿지 못하는 사람에게 말을 하면 오히려 이상한 사람이라고 여기는 그 사람의 어두운 염력을 받게 되니 내가 좋을 수가 없을 것이다.

힘들어 성취한 이 고귀한 체험이 사라질 수도 있으니, 오늘 겪은 이 고귀한 체험을 완전한 내 것으로 승화할 때까지는 입을 다물고 참고 있어야 한다고 했다.

그리고 지금까지 김군을 괴롭혀 왔던 접촉성 피부염은 완전히 사라졌으니 그대로 믿으면 된다고 했다.

9. 협심증

• 김상민 사례(14)

건설업을 하는 김상민 사장은 협심증, 수면장애, 불안과 잡다한 생각 때문에 몸이 아팠다.

기본교육을 마치고 상담을 해보니 없는 것이 있다고 하는 데서 모든 어려움이 생겼으므로 없는 것은 세상 어디에도 없다는 것을 알게 했다. '세상에는 밝음만 있고 어둠은 없다는 이 사실만 믿고 인정하면 원하는 대로 이루어진다.'

이 병, 저 병하면서 고치려고 하다보면 오히려 병만 나열하여 어둠을 키우고 병을 인정하고 병을 부르게 되니 건강할 수 없는 것이다.

가슴이 답답하다. 협심증이 있다. 불안하다. 잠을 설친다. 이런 것은 모두 정상에서 이탈한 비정상으로 어둠이고 가짜이다. 병이라고 인정하지 않으면, 새로운 양식이 공급되지 않기 때문에, 지탱하고 있던 에너지는 바닥이 나서 버티지 못하고 사라지게 된다. 그 자리에 완전한 건강만 있다고 말해주니 머리를 끄덕이며 수긍하면서 마음이 편하다고 했다. 이미 모든 어둠은 사라졌다. 그대로 믿으면 됩니다.

일주일 후에 보니 아주 밝은 모습으로 달라져 있었다. 어둠 없고 밝음만 있습니다. 라고 하면서 머리 뚜껑이 날아가는 것 같은 심한 두통이 없어지고, 잡다한 생각을 덜 하게 되었다. 가슴 답답함이 없어지면서 협심증도 없어졌고. 잠을 설치는 일도 없어졌다. 남을 배려하게 되고 감사할 일이 너무 많다고 했습니다.

기본교육과 상담 공부를 하면서 '병은 본래 없는 것이라고 깨달 았을 때 6가지 병이 없어지는 것을 알았습니다. 오직 밝음만 있고 어둠은 없다는 이 공부 속에 우리의 삶이 다 들어있구나.' 본래 있 는 것만 인정하며 없는 것은 인정하지 않고 쉽게 살아가는 길을 이 제 알았으니 앞으로는 밝은 길로 살아가겠습니다.

● 이찬동 사례(15)

체육 시간인데 운동장에 나가지 않고 강의실에 남아있는 학생이 있어서 이유를 물었더니 협심증 때문에 운동을 하지 못한다고 했 다. 조금만 무리해도 가슴이 아파 힘든 운동은 전혀 할 수가 없어 서 평소에 조심하고 있다고 했다.

젊은 사람이 활동을 제대로 할 수 없으니 딱하여 상담실로 데리 고 와서 협심증을 없앨 수 있는 길이 있다고 말했다. 처음 듣는 말 이라 믿기가 어렵겠지만 내가 말하는 대로 믿고 따라 하면 된다. 먼저 무리하면 가슴이 답답하고, 아프다, 하는 이 협심증은 없는 가짜인데 너는 진짜 병이라고 속아서 괴로워하고 있다. 세상에는 어둠은 없고 밝음만 있다는 것이 영원한 진리이다.

어둠(병)은 빛이 없는 것이다. 진리(빛)가 들어가면 어둠은 흔적도 없이 사라진다. 여기서 진리란 앞에서 언급한 대로 병은 가짜이고 없다는 말이다. 이 사실을 이론으로만 아는 것이 아니라 의식 속에 각인시키는 것이다. '세상에는 밝음만 있으므로 밝음이 바로 건강이다.' 병에 대한 걱정은 일절 하지 말고 마음으로 건강을 그리며 나는 건강하다고 자신 있게 말하면 된다. 이미 완전하다. 예, 지금 아주 편안합니다. 감사합니다.

다음날 와서 마음과 가슴이 편하다고 했다. 흔히들 인간은 나이 들면 늙고 죽는다는 육체 인간을 말하지만, 깨닫고 보면 육체 인간을 움직이는 주인은 따로 있음을 알게 된다.

"눈으로 볼 수는 없지만, 무한지혜, 능력, 힘을 다 가진 전지 전능자가 진짜 나이고 신, 불이라고 하는 우리 인간의 실상이다." 라고 말하면서 공부를 마쳤다.

• 이성주 사례(16)

한 학생이 2층 계단을 손으로 난간을 잡고 올라가는 것이 몹시 힘들어 보여서 어디가 안 좋은가 궁금했다. 며칠이 지난 어느 날 이번에는 난간을 잡고 조심스럽게 계단을 내려오는 것을 보고 물었더니 협심증을 앓고 있다고 했다.

가끔 가슴이 답답하며 통증이 있는 협심증은 더 진행되면 심근경

색으로 가는 위험한 병으로 알고 있다.

하지만 두려워할 것은 하나도 없다. 무리하면 숨이 차고 아프다는 것은 앞서 몇 차례 언급하였지만, 이런 일은 몸의 어디가 좋지 않으니 주의하라는 경고등이지 병 자체는 아니다.

'세상에는 어둠은 없고 밝음만 있다'는 영원한 진리에서 병은 가짜이므로 없는 것이고, 건강은 진짜이므로 있는 것, 병은 어둠이므로 어둠에는 진리의 빛만 가까이 가면 흔적도 없이 사라진다. 그래서 어둠인 병은 없는 것이다.

건강은 밝음이므로 밝음에는 어둠이 들어가려고 해도 절대로 들어갈 수 없다. 밝음에 가까이 가는 순간 어둠은 없어져 버리고 만다. 이 쉬운 진리를 우리는 잘 알아야 한다.

병은 어둠이므로 진리의 빛만 들어가면 흔적도 없이 사라진다. 사라지니 없는 것이고, 없어지니 가짜라는 것이다. 가짜이므로 없는 병을 병이라고 인정하지 말라는 것이다.

그러나 가짜인 병에 속아서 병이라고 인정하고 이병, 저병 하며 괴로워하는 사람이 얼마나 많은가! 너무나 안타깝다. 속지 말고, 인정하지 말라. 병이 아니다.

조심하라는 경고등일 뿐이라는 설명에 이군은 고개를 끄덕이며 수긍했다. 가끔 자신감을 가지고 밝은 얼굴로 나는 건강하다. 병은 가짜이고 없는 것이다. 나는 확신한다. 라고 자신 있게 말하는 것이 좋다고 했다.

다음 날은 어제보다 더 밝은 모습으로 생기가 있어 보였다. 마음도 몸도 매우 편하다고 했다. 밝음만 있고 어둠은 없음을 확실하게 인식한 것이다.

참 '나'(眞我; 진짜 나, 변하지 않는 나)는 어제도 있었고 오늘도 있고, 10년 전 아니 100년 전에도, 우주가 생성되기 전에도 있었고 우주가 멸한 뒤에도 '영원히 있는 나! 불생불멸(不生不滅), 시공(時空) 초월, 무한지혜, 능력, 힘을 가진 전지 전능자(全知 全能者)가 신불(神佛)이고 바로 참 '나'다.'

이런 위대한 나를 알지 못하고 나이가 들면 늙고 병들고 죽는다는 이 육체가 나라고 하는 것은 잘못된 인식인 것이다.

'육체는 주인이 사용하는 도구'이므로 주인은 자신의 육체 능력을 훤히 알고 있어서 무리하지 않고 감사하면서 잘 쓰면 고장 날 일도 없고 오래도록 잘 사용할 수 있으므로 틈틈이 단련해서 멋진 도구로 다듬어야 한다.

그렇지만 육체가 내가 사용하는 도구인 줄 모르면 육체를 '나'라고 착각하고 실상의 있음과 현상의 없음을 구분도 못하고 살게 된다.

없는 것을 있다고 착각하고, 나날이 근심 걱정하면서 살고 있으니 이 얼마나 슬프고 딱한 일인가? 내가 우주의 주인이고 육체의 주인인데, 주인이 주인을 모르고 자기가 자기를 모르고 있으니, '중증의 치매를 앓고 있는 이 꿈을 깨라'는 것이다.

거짓 없는 순수한 밝은 마음이 참 '나'의 마음으로 참 '나'만 존재하고 그 밖의 모든 것은 없는 것이므로 없다고 깨달으면 된다. 하지만 현실적으로 있어 보이는데 없다고 하니 이해가 쉽지 않다는 것이다.

그래서 있긴 해도 변하는 모습 즉 변화하는 과정을 보는 것이기 때문에 이것이라 할 것이 없다. '이것 할 때 이것은 이미 없고 다른 것으로 변화하는 중이다.' 결국, 참 '나' 이 외는 어떤 것이라도 일정한 시간의 한계를 가진 시한부이다.

이 군은 매우 밝은 표정으로 머리를 끄덕이며 쉽게 이해를 할 수 있다고 했다. 현상의 없는 것을 잘 이해하여 '있는 것과 없는 것의 구분만 해도' 공부에 대단한 발전을 가져오게 된다.

● **박상숙 사례(17)**

가슴이 두근거리고 답답하며 가슴속 뻐근함, 머리 저림, 눈 흐림, 몸 전체 떨림, 목 아픔, 불면, 식욕 부진 등으로 괴로워하는 권사님이다.

기본교육을 시작하는 중에 계속 숨소리가 거칠어지고 괴로워해서 약은 드셨느냐고 물었다.

평소에 약을 먹어도 지금과 같이 가슴이 두근두근하다. 답답하다. 아프다. 뻐근하다고 했다. 이런 증상들을 병이라고 하지만, 병이 아니고 조심하라는 경고등에 불이 켜진 것이다. 몸이 오싹하며 한기를 느낄 때는 두꺼운 옷을 입으면 된다. 추워서 한기를 느낀 것을 병이라고 하는 어리석은 사람은 없다.

이 세상에는 어둠은 없고 밝음만 있다는 영원한 진리를 믿어야 한다. 병은 어둠이기 때문에 없는 것이고 가짜이다. 빛이 없는 것을 어둠이라 한다. 그러므로 어둠은 진리의 빛만 들어가면 흔적도

없이 사라진다. 지금부터는 병이 탈을 쓰고 나타나 있어도 '병이 아니고 가짜라고 부정하면 사라진다.'

건강은 밝음이므로 밝음만 있다, 건강만 있다고 하는 것이다. 박상숙님은 고개를 끄덕이며 수긍하기에 얼굴을 마주 보며 병이 있느냐? 라고 물으니까 병이 없다고 자신 있게 말했다.

기본교육과 상담 공부가 끝날 무렵에는 가슴이 두근거리고 답답했었는데 어느 순간 안정이 되고 아픔이 없어져 아주 편합니다. 지금은 몸 전체가 떨리는 것이 사라지고, 마음은 아주 편해졌습니다. 라고 고마워했다. 박상숙 님은 믿고 따라 하기가 힘들었을 텐데 아주 완벽하게 잘했던 것이다.

10. 비관적인 생각, 현기증, 우울증

● 송은주 사례(18)

공무원 준비생인 송은주님은 비관적인 생각과 수면장애, 현기증, 편두통, 안구건조증, 교감 부교감 조절 불능, 목, 허리, 무릎 통증, 장염, 이기심, 우울증 증세로 아주 힘들어 했다.

경고등에 불이 많이 들어와 있지만 병을 나열하면 인정하는 꼴이 되므로 병 전체를 없다고 가짜라고 보아야 한다. 하나로 보면 하나같이 없어진다는 기본교육을 마치고 바로 상담을 하게 된 학생이다. 기본교육을 받은 것만으로 너무나 달라져 보였고, 받아들이는 자세가 아주 진지했다.

그리고 얼굴도 매우 밝아 보였다. 오늘 공부는 본인을 위한 것 같아서 확신하며, 가감 없이 받아들였더니, 어느 순간 편두통과 안구 건조증이 없어졌습니다. 마음이 아주 편안하고 즐겁다고 했다.

사물을 바라보는 시각이 달라졌다고 기뻐하길래 어디에서 가장 감명을 받았느냐고 물었다. 세상에는 어둠은 없고 밝음만 있다는 진리에서, 바로 병이 없고 건강만 있다는 사실을 쉽게 받아들일 수 있었습니다. 어둠은 없고 밝음만 있다고 받아들인다면 앞으로 삶이 크게 달라진다고 했다.

공무원이 돼서 국가와 국민을 위해 일할 각오가 되어있다면 봉사할 수 있는 기회가 더 빨리 주어질 것이라고 했다.

수업 둘째 날이다. 몸의 통증이 완전히 사라지고 가벼워졌으며 마음 또한 가볍고 편안합니다. 버럭 화를 잘 냈는데 남을 이해하려는 마음이 생겨났다고 송양이 말했다. '이 모두는 진리를 순수하게 받아들인 결과'로 우리는 어떤 일도 잘 할 수 있는 무한한 지혜, 능력, 힘을 가지고 있는 전지 전능자임을 한 번 더 강조하고 용기를 내라고 했다.

11. 가슴 답답, 신경성 불면

• 이성춘 사례(19)

6~7년 전부터 가슴이 답답하고 신경과민과 집중력 부족으로 신경을 쓰고 나면 밤에 잠을 이루지 못한다는 공무원 부부가 함께 왔다. 병원에서는 이상이 없다고 했다. 그러나 신경을 쓰고 나면 밤에 잠을 이루지 못하고 집중력이 떨어진다는 일은 가짜인 나에게

만 있을 수 있는 일이고, 진짜 나인 참 '나'에게는 이런 일은 절대로 있을 수 없으므로, 가짜인 나를 참 '나'로 바꾸기만 하면 된다고 말했다.

지금부터는 내 육체를 나라고 하지 말고 이 육체를 끌고 다니며 운전하는 주인공이 따로 있다. 그 주인공이 바로 나 참 '나'이다. 배가 고프면 배고픈 것을 알고 배가 부르면 부른 것도 알며 오늘 무엇을 하고 누구를 만나는 것도 아는 주인공이 바로 나이고 신불이고 참 '나'(眞我)이다. 이 주인공이 바로 나라고 확신할 수 있으면 된다. 이성춘님은 확신한다고 대답했다.

그렇다면 나는 이 육체가 아니고 영원히 사는 전지 전능자이므로 못하는 것이 없다. 인정하느냐? 인정한다고 대답했다. 참 '나'를 나라고 인정함으로써 이미 어려움은 없어졌다. 가짜 나는 있느냐? 없습니다. 가짜 내가 없는데 가슴에 답답함이 있느냐? 없습니다. 불면증 있느냐? 불면증도 없습니다.

중요한 공부가 하나 더 있다. 세상에는 '어둠은 없고 밝음만 있다는 영원한 진리를 깨달아야 한다.' 가슴이 답답하다 함은 어둠인가? 밝음인가? 불면증은 어느 쪽인가? 역시 어둠입니다. 이러한 어둠들은 있는 것처럼 보이지만 본래부터 없다.

어둠은 없다는 것과 가짜라는 것을 깨닫는 것이 공부이다. 확실히 깨달은 부부는 밝은 얼굴로 실상관 기도를 꾸준히 할 것을 약속했다.

12. 탈모, 축농증, 피부병, 치질, 위염

• 정재진 사례(20)

정재진 님은 박사과정 시험을 앞두고 있는데 건강이 좋지 않았다. 기본교육으로 인간의 실상은 무한한 생명, 지혜, 능력, 힘을 다 가지고 있는 완전한 부처이고 신이므로 항상 건강하다. 반면에 현상계(감각으로 느끼거나 고정되지 않고 변하는 세계)에서 인식되는 것은 본래 없는 가짜이다.

탈모, 축농증, 위염, 피부병, 치질 등과 같은 병이나 불행, 죄 등은 진짜인가? 가짜인가? 가짜입니다. 그렇다. '가짜이므로 없다고 한다. 이런 어둠은 본래 없는 것이다. 있는 것은 실상(참 '나)만 있다. 밝음인 건강만 있다.' 가짜와 어둠은 참 인간에게는 있을 수 없는데 없는 가짜를 있다고 병이라고 인정하고 붙잡고 하나씩 고치려고 하니 힘이 드는 것이다. 대신에 참 '나'를 알고 병이라고 인정하지 않으면 단번에 사라진다.

앞에서 지적했듯이 병이라고 하지 않고 경고등이라 한다. 매사에 주의하라는 경고등이 많이 켜진 것은 나름대로 이유가 있다. 원인 없는 결과는 없다.

그리고 실천사항으로써 나는 신불의 아들임을 자각하며 감사하고 많이 웃는 것이 좋다고 했다. 기본교육과 상담을 마칠 때는 아주 밝은 표정으로 머리를 끄덕이며 긍정했다.

그다음 날, 전화가 왔는데 힘없는 소리로 '혈변이 심합니다' 라고 했다. 그것은 몸의 독소가 빠져나가는 좋은 자괴 현상이니 두려워 말고 기쁜 마음으로 감사를 하라고 했다. 그리고 그 경위를 들어 보니 아침에 화장실에서 변을 보는데 설사 같으면서 힘이 자꾸 들어가 힘을 쓰니까 기분 좋게 엄청난 양의 변을 보고 또 보았다고 했다.

오늘은 기분 좋게 많은 양의 변을 보았구나 하고 변기를 보니 핏덩어리로 가득 차 있어 너무 놀라서 교수님께 전화를 했습니다. 그 혈변은 병이 무너지는 자괴 현상으로 매우 잘된 것이다. 라는 교수님의 말씀에 두려움이 싹 없어지고, 안도가 되면서 용기를 얻었다고 했다.

그리고 수업 첫날부터 진리의 말이 너무나 강렬하게 들렸고 가슴에 와 닿아서 생명의 실상을 매일 읽고, 그대로 실천했습니다. 라고 했다.

며칠 후에 찾아와서는 다음날은 전날보다 더 많은 혈변이 나왔으나 3일째 날부터는 피 한 방울 나오지 않고 깨끗하게 나왔다고, 기뻐했다. 정도에서 이탈하지 않으면 재발은 없는 것이다.

믿는 정도에 따라서 빠르면 즉석에서 그날로, 아니면 다음 날로, 그다음 날로 언제 좋아졌는지도 모르게 나을 수 있다. 하지만 빠른 것만이 다 좋은 것은 아니다. 일찍 핀 꽃은 일찍 시들 수 있어 자신의 체험으로 살리는 것이 매우 중요하다.

이제 몸이 좋아졌으니 나하고 약속을 한다. 몸이 좋아졌다고 해서 놀라운 현상을 이해를 못하는 사람에게는 말을 하지 말라. 믿지 않고 오히려 이상하게 생각할 수 있다. 내가 체험한 이런 일들

이 과연 정도(正道)인가를 깨닫고 옳
다면 자신 있게 말할 수 있을 때까
지 공부해야 한다. 그 후 1년이 안
되었는데 '저의 체험을 발표하게 될
것 같습니다.' 라고 했다. 그 후에 자
신의 체험을 조금씩 말하다 보니 우
연히 광명회 회장님이 아시고, 좋
은 체험을 혼자서 가지고 있지 말고
공유하도록 발표를 권하셨고 마침

1994년 광명 1월호에 발표를 했다. 그리고 1년 후에는 이상세계
(1995년 2월호 p36, 理想世界; 일본의 정신세계 잡지)에서 발표
되었다.

그후 박사학위를 취득하고 대구 근교에 있는 대학에 바로 교수로
채용되었다. 그리고 지금 재직 중인 대학으로 옮길 때는 10여 명의
면접시험자 중에서 우수한 성적을 받아 휴직 기간이 없이 직장 생
활을 할 수 있었다.

13. 구안와사, 눈, 손발이 차다, 성격 예민

• 송주현 사례(21)

멀리서 온 주부 송주현 님은 심성이 착해보였지만 경고등인 병이
많았다. 심한 구안와사로 오른쪽 얼굴이 굳어 있고, 눈도 침침하며
성격이 예민하고, 손발이 차고, 위가 안 좋다고 했다. 이제는 걱정

할 것 전혀 없다. 오른쪽 얼굴에 손을 대면서 여기가 굳어 있다. 감각이 없다. 라고 하지 말고 이제는 얼굴이 정상이라고 생각하라고 말했다.

왜냐하면 오늘 여기에 오기 전 '내 마음이 여러 번 여기에 왔기에 자연스럽게 왔지 내 마음이 오지 않았다면 올 수가 없다.' 이처럼 내 마음이 몸은 정상이 아니라고 하면 정상이 될 수 없다. 그래서 얼굴, 눈, 성격, 손발, 위 등 모두는 정상이다. 송주현 님은 건강하다고 해야지요. 라고 하니 중얼거리듯이 건강, 건강하며 고개를 크게 끄덕이고 수긍했다.

세상에는 밝음만 있고 어둠은 본래 없으므로 밝음인 건강만 있고 어둠인 질병은 없는 것이다. 병은 있는 것처럼 나타나 보이더라도 인정하지 않고 그냥 내버려 두면 자연적으로 소멸한다. 시간이 걸리므로 건강한 모습을 그리면서 나는 건강하다, 건강하다고 자신 있는 말로, 마음으로, 표정으로 나타내라는 것이다. 송주현 님과 참석자 모두가 밝은 모습으로 할 수 있다고 고개를 끄덕인다.

송주현 님은 본래의 모습을 되찾았다. 우리 인간은 어떤 일도 잘할 수 있는 무한한 생명, 지혜, 능력, 힘을 다 갖추고 있는 신불로서, 불가능한 일은 없다고 믿고 실상관을 할 것을 당부하며 기본교육과 상담을 마쳤다. 그 후 송주현 님은 모든 것이 다 좋아졌다며 매우 밝은 얼굴로 감사를 했다. 그동안 심한 구안와사로 얼굴이 굳어 있었는데 수업 첫날에 풀려 한의원에서도 놀라며 이런 경우는 좀처럼 없다고 했다.

그리고 '차갑던 손발이 따뜻해지고 위도 좋아져 소화가 잘되고 몸이 좋아지니 마음이 편하며 여유가 있습니다.

매일 쉬지 않고 기도를 하다 보니 어느 날, 눈에 덮여 있던 껍질이 하나씩 벗겨지는 것 같았으며 자연과 사람들이 전과는 달라 보였습니다. 산과 나무는 살아 숨을 쉬고 나에게 인사를 하며 생동감이 넘쳐 흘렀습니다. 사람들이 너무나 예뻐 보이고 아이들은 천사로 보였습니다.

기도하면서 내 안에서 힘이 샘솟아 나오는 것을 알았습니다. 이 힘이 부처님의 힘이구나 싶었습니다.

예전에는 몰랐던 가족, 친정 식구 모두와 교수님께 감사하는 마음이 넘쳐서 기도하는 동안 늘 행복한 마음이 생겨났습니다. 감사합니다.' 세상에는 밝음만 있고 어둠 없다는 즉 건강만 있고 병은 없는 가짜인데 이 '가짜를 붙잡고 진짜라고 했으니 고통이 왔고, 붙잡고 있으니 더욱 악화한다는 이 쉬운 진리가 가슴을 쳤습니다.'라고 했다.

'어떤 일도 잘 할 수 있는 전지 전능자임을 깨닫고 용기를 얻었습니다.' 이 진리를 밝고 편안한 마음으로 되새기며 실상관을 매일 계속하였다면서 감사했다.

내가 한마디 덧붙였다. 기도할 때 너 안에서 샘 솟아 나오는 힘이 부처님의 힘이고 너의 힘이다. 본성의 마음 바탕에서 밝은 마음으로 기도할 때는 네가 비로자나불이고 아미타불인 것이다.

14. 원하는 피부색, 용의 모습

• 최석준 사례(22)

어느 날 수업시간에 유달리 얼굴에 누른색이 짙은 학생이 눈에 띄었다. 조용한 시간에 불러 몸이 안 좋은 데가 있느냐고 물었더니 저 뿐만 아니라 집안의 내림이라고 했다. 아픈 데가 있느냐고 묻자 대답하기가 힘이 든다고 말했다. 너의 피부색이 바뀌면 답하기 힘든 일이 없어질 것이 아니냐? 하지만 피부색이 바뀐다는 것에 수긍이 안 간다고 했다. 돈도 안 들고 시간도 안 걸리는 간단한 방법이 있는데 한번 해보자고 했다. 흰 피부색을 원하지? 반신반의하면서 고개를 끄덕였다. 그러면 하얀 전지 바탕에 원하는 피부색으로 복숭아빛 분홍색을 넣어서 너를 상상으로 그려 넣고, 남이 내 피부를 말하기 전에는 보지도 확인도 하지 말고 내 모습을 생각하면 끝나게 된다.

여기서 많은 시간을 들여 꼭 피부색을 바꾸려고 집착하면 바꾸지 못한다. 집착하는 마음은 힘이 없는 마음이다.

그리고 한 달 정도 지나 연구실로 와서는 '교수님 진짜 얼굴색이 바뀌고 있습니다.' 바뀌는데도 진짜가 있고 가짜가 있더냐? 포항 집에 갔더니 어머니께서 너 얼굴이 많이 좋아졌구나 하시기에 거울을 보니 확실히 달라져 있어 놀라웠다고 했다. 대답하기가 힘이 든다고 했는데 힘든 고통은 본래 없다는 것을 보여 준 것이다. 세상에는 어둠은 없고 밝음만 있다는 진리와 우리는 무한한 생명, 지혜, 능력, 힘을 다 갖춘 전지 전능자 신불이라는 사실을 깨닫고 사는 그것이 가장 소중하다고 했다. 그리고 마음에 따라서 피부까지 변하는 큰 체험을 영원한 너의 체험으로 하라고 말해주었다. 졸업 사은회 때 사회자가 '포항의 물찬 제비를 소개합니다.' 라고 해서 보니, 최군의 얼굴이 흰 바탕에 복숭아빛 분홍색으로 새겨진 물찬 제비를 보는 것 같았다. 마음에 따라서 피부가 달라진다. 일체유심 조라 하는구나! 라는 생각을 또 한번 했다.

최군이 하루는 연구실로 왔는데 말하기를 주저하고 있었다. 제가 잘못 본 것인지, 환영을 본 것인지, 모르겠다고 했다.

복도에서 멀리 있는 교수님을 보았을 때 사람이 아니고 용의 모습으로 보여 이상하다고 생각하면서 가까이 가니 용의 모습은 없어지고 교수님의 본래의 모습이 나타나 있었다고 했다. 그 후에도 용의 모습을 또 볼 수 있었느냐고 하니까 '볼 수 없었습니다.'라고 했다. 이것은 좀처럼 있을 수 없는 체험이다. 앞의 피부색이 마음 따라 변하는 것과 모습이 다르게 보이는 두 체험은 현상의 없음과 실상인 참 '나'가 있음을 깨닫고 그 속에서 생활하는 것이 만인들이 바라는 공부이다.

15. 누런 검은 반점의 손바닥

• 남강순, 강삼구 사례(23)

피부가 변하는 또 다른 사례이다. 평소에 손바닥을 남에게 안 보이려고 호주머니에 넣거나 주먹을 쥐기도 하며 불편하게 지내는 여학생이 친구와 함께 상담실로 찾아왔다.

손바닥을 보니 담배를 자주 피우는 사람의 손가락처럼, 누런색에 군데군데 조그마한 검은 반점들이 있었다. 누가 보아도 니코틴의 중독 같은데 이상한 것은, 두 손바닥 전체가 다 그렇다는 것이다. 담배는 피우지도 않았는데 언제부터인지는 몰라도 조금씩 진행되었다는 것이다. 지금은 더는 진행되지 않고 있는데, 없어질 수가 있겠습니까? 하여 내가 없애는 것이 아니고 본인만 할 수 있고 남은 할 수가 없다. 나는 다만 없애는 길을 알려줄 뿐이고 본인이 실천하면 된다.

가장 쉬운 방법으로 '세상에는 밝음만 있다' 에서 맑고 깨끗한 손바닥만 있다. '어둠은 없다' 에서 탁하고 보기 흉한 손바닥은 없다. 그러면 '없다고 한 흉한 손바닥을 내 의식에서 지운다.' 그리고 떠올리지 말고 대신에 깨끗한 손바닥을 떠올린다. 예, 떠올렸습니다. 그럼 변하는 손바닥을 본다. 그때, 마치 구름이 걷히듯 손바닥의 피부가 깨끗하게 변하는 과정을 세 사람이 지켜보았다. 피부가 깨끗하게 순간적으로 변해가는 것을 보니 너무 신비스럽고 마음 따라 변하는 현상을 보고 일체유심조를 또 다시 느꼈다.

남강순 님의 친구인 강삼구 님은 믿기가 어려울 정도로 쉽게 사라지는 친구의 손바닥 피부가 언제든지 또 쉽게 변할 수도 있지 않겠습니까? 또 다시 보기 흉하게 되지 않으려면 마음가짐을 어떻게 해야 합니까? 라고 물었다. 오늘 공부한 기본교육과 상담 공부에서 이탈하지 않으면 재발은 없다.

4-2 디스크, 여드름, 아토피, 치매

16. 멎지 않는 통증과 열

● 손인주 사례(24)

수업이 끝날 즈음에 손인주라는 여학생의 볼이 벌겋게 부어 힘들어 하기에 연구실로 데리고 왔다. 치통인 줄 알고 물었더니 야구공에 맞아서 의식을 잃고 깨어나 보니 병원 응급실이었다고 했다. 치료를 받고 약도 먹었으나 열도 내리지 않고 아프다는 것이다.

그래서 먼저 어제 야구공에 맞았다는 사실을 잊고 떠올리지 말라고 했다. 이 사실이 통증의 원인이니 떠올리면 통증은 오래간다. 그리고 아프다. 열이 내리지 않는다는 것들은 모두가 어둠이므로 없는 가짜이다. 가짜이니 진짜라고 절대 인정하지 말라. 반면에 반드시 인정해야 할 진짜는 밝음만 있다. 건강만 있다.

이렇게 말하다 보니 벌겋게 부어있던 볼이 어느새 본래 모습으로 돌아와서 통증도 없고 열도 없다고 했다. 손양은 거울을 들여다보고는 본래의 건강한 모습을 보고 무척 놀라면서 기뻐했다.

17. 머릿골의 흔들림

• 박은주 사례(25)

손인주 양의 친구인 박은주 양이 찾아와서 흥분한 목소리로 도저히 믿을 수 없다고 했다. 인주가 병원에 간다고 했는데, 그 시간에 갔다 올 수도 없고 병원에 가서 치료를 받고 오더라도 하루는 지나야 부기가 빠질 건데, 말짱해서 돌아오니 믿을 수도 안 믿을 수도 없다는 것이다.

박은주 양은 고2 때부터 열심히 공부하라는 아버지와 불화로 머릿골이 흔들려 신경이 쓰인다고 했다. 지금도 불화가 계속되고 있느냐? 아니라고, 본인이 지나치게 예민했다고 뉘우치고 있었다. 아버지를 떠올리며 열심히 공부하라고 하셨던 깊은 사랑을 이제 깨닫고 감사드리며 '아빠 사랑해요.' 라고 말하게 했다. 시원하게 말하고 나니 마음이 아주 편하다고 했다. 아빠의 사랑에 감사한 마음을 가지게 되었으니, 이젠 그냥 있어도 머릿골의 흔들림은 없어진다고 하면서도 '아직' 이라고 말해서 얼굴을 마주 보며 머릿골의 흔들림은 없다. 너는 건강하다. 내 말을 믿겠느냐? 예, 믿습니다. 라고 수긍하면서 뜀뛰듯 뛰어보더니, '흔들리지 않습니다.' 다 나았다며 기뻐했다. 손인주 양과 함께 와서 기본교육을 받으라고 했다.

며칠이 지난 후 기본교육을 받기 위해 손인주 양과 박은주 양이 한자리에 앉아 각자의 체험을 다시 한번 말하며 이야기꽃을 피웠다. 체험한 진리가 마음에 각인이 되어있어, 기본교육을 쉽게 이해할 수가 있었다.

　세상에는 밝음이 있고 참 '나'가 있다. 그리고 현상계와 실상계를 구분할 수 있어야 한다. 현상계는 오관(안이비설신)으로 인식할 수 있는 것과 오관으로 인식할 수 없어도 우리의 마음처럼 변해가는 것은, 현상계에 속한다.

　고정되지 않고 정지되지 않으면서 항상 변화하므로, 이것이라고 할 것 없다. 그래서 공(空)이라 하고 없다고 하는 것이다. 그래서 없는 것에 매달리지 말고 집착도 하지 말라고 한다.

　있는 것에 매달리라는 것, 밝음만 있는 참 '나'에 매달리라는 것, 이렇게 해서 세상에는 있는 것과 없는 것의 구분을 확실히 해야 한다.

　인간에게는 누구나 잘 할 수 있는 무한한 지혜, 능력, 힘을 다 갖추고 있어 이를 인정하고 활용하면 나의 삶이 크게 달라진다. 그래서 그냥 있어도 낫는다고 한 것은 아버지에 대한 사랑과 감사한 마음으로 돌아섰으니 고통 받아야 할 근원이 사라진 것이다. 이제 더 고통받을 일이 없어지고, 또 우리에게는 병을 낫게 하는 힘이 있으므로 이 힘을 믿으면 그대로 있어도 낫는다.

　내가 체험한 이 소중한 사실을 두 사람이 공유하고 다듬어서 삶에 바로 활용하기를 바랄 뿐이다. 좋은 체험은 활용할수록 또 다른 지혜가 나온다.

병이 나았다고 여기서 끝내지 말고, 어째서 이런 일이 일어날 수 있는가? 살펴서 풀어나갈 때 앞으로 나의 삶은 크게 변한다. 더욱 중요한 것은 100년도 살기 힘든 육체를 가졌을 때 영원히 사는 나를 깨닫는 일이다.

18. 심한 성인 여드름

• 윤애자 사례(26)

미국에서 유학하고 있는 의과대 본과 2년생 학생의 사례로 기본교육을 마치고 상담 공부를 했다. '무릎 통증과 심한 성인 여드름(블랙헤드)으로 애를 먹고 있습니다. 부모님의 잦은 불화로 자식들이 힘이 듭니다. 사회생활을 어떻게 해나가야 좋을지 모르겠습니다.'

세상에는 어둠은 없고 밝음만 있다고 공부한 것을 한번 실천해보자. 무릎에 통증이 있느냐? 어둠이므로 없습니다. 있는 것은 밝음뿐이므로 건강만 있습니다. 아픔과 병은 어둠이므로 본래가 없습니다. 그래서 없는 어둠을 생각도 말로도 하지 말고 밝음만을 생각하고 말하라고 한다. 생각하고 말하는 대로 되는 세계가 현상세계이다.

어둠 없고 밝음만 있다고 말하는 사이 무릎 통증은 없어지고 진물이 나는 성인 여드름이 사라지고 있어서 거울을 보라고 했다. 사라지는 모습을 보고 놀라서 세상에 이럴 수가! 그동안 진물로 세수 한번 제대로 못 하고 얼마나 애를 먹었는데! 순간적으로 자국도 없이 이렇게 사라지며 깨끗해지는구나!

이 순수한 체험이 밝음만 있고 어둠은 본래가 없다는 진리를 깊이 확신시켜 준 것에 감사했다. 그리고 본인과 똑같은 심한 성인 여드름으로 애를 먹고 있는 미국 대학교 친구를 떠 올렸다. 지금 체험한 그대로를 확신하고 자신 있게 병은 본래 없고 건강만 있다는 사실을 알게 하겠다고 했다. 친구가 믿는다면 너와 마찬가지로 깨끗하게 낫게 된다!

우리가 깨달음을 얻는 궁극의 목표는 인류의 고통을 덜어주고 편안하게 살게 하는 데 있다. 그래서 나의 소중한 체험을 이제는 남을 위해 활용할 때이다.

그렇다고 해서 아픈 사람을 이곳으로 데리고 오라고 하는 말은 아니다. 같은 진리를 말해도 불신하면 여기와도 낫는다는 보장은 없다.

그리고 부모님의 불화는 어떻게 해결할까?

지금까지는 서로가 없는 어둠만을 봤기 때문에 불화를 자꾸 키웠고 해결할 수가 없었다. 하지만 이제부터는 서로의 좋은 점, 밝음만을 본다면 저절로 화목이 이루어지고 행복한 가정이 될 수밖에 없다.

사회생활은 어떻게 해야 할까?

무엇보다 현실에 충실하면서 인류를 위해 일할 수 있는 길이 나에게 활짝 열려 있다고 굳게 믿어야 한다. 어둠에 들지 않고 밝은 생각과 밝은 말만을 한다면 신 불의 보호와 도움으로 내가 바라는 좋은 길로 자연스럽게 인도된다. 오늘 한 공부를 실천하는 것이 무엇보다 중요하다.

4일 후에 미국으로 떠나는 윤애자 님은 공부가 너무 좋아 시간 가는 것을 아까워했다. 그래도 서두르지 말고 꾸준히 하는 것이 가장 중요하다고 당부했다. 출국 이틀 전에는 두 번이나 참석하면서 공부가 너무 중요하고 시간이 아깝다고 했다,

미국에서 성인 여드름으로 애를 먹고 있는 윤애자 님의 친구 김 양과는 10여 차례 통화했는데, 상당히 좋아졌다고 말은 하면서도 윤애자 님 같이 완치가 안 되는 것은 두 사람의 진리에 대한 믿음의 차이를 분명하게 보여 준 것이다.

● 신수철 사례(27)

성인 여드름에 대한 또 하나의 사례이다.

심한 성인 여드름으로 애를 먹고 있는 학생으로 간단하게 기본교육과 상담 공부를 했다. 여드름은 없는 것이고 가짜이다. 없는 가짜에 속아서 병이라고 알고 약을 써보아도 낫지 않으니 더 심해지지는 않을까 걱정하고 있지? 라고 물었다. 지금부터는 내가 말하는 대로 믿고 따라 하면 가짜가 폭로되어 너의 성인 여드름은 바로 낫는다고 했더니 약으로도 안 되는데 말로서 없어진다고 하시지만 못 믿겠다고 했다. 하지만 거짓말을 하실 리는 없을 것이라고 믿고, 병은 가짜이다. 병은 없다고 따라 했다.

이번에는 마음으로 느끼면서 소리 내어 성인 여드름은 가짜이고 없는 것이라고 외쳐본다. 또 다시 외쳐본다. 그리고 병은 가짜이고 없다고 느끼면서 말하다 보니 마음이 편해졌다고 했다. 마음이 편한 것은 밝음이다. 지금까지 괴로워하는 어둠에서 밝음에 들어왔으니 마음이 편한 것이다. 편한 마음이 너의 본래 마음이다. 마음

이 편하면 병은 어둠이므로 내 마음에 있을 곳이 없다. 사라질 수밖에 없다.

마음 편하니 여드름은 지금 낫고 있다고 당당하게 말할 수 있지! 병은 본래부터 가짜이고 없는 것이라고 마음에 떠올릴수록 너의 마음은 편해진다. 마음이 편하면서 벌겋게 부어 성이 나 있던 얼굴은 빠르게 부기가 빠지면서 맑아지고 있었다. 거울 앞에 가서 봐라!

좋아지고 있는 자기 얼굴을 보고 놀라워 했다. 그래서 병은 가짜이고 없는 것이라 한다. 병은 어둠이며 건강은 밝음이다. 어둠에 속한 것은 본래가 없는 것이고, 밝음에 속한 것만 본래 있는 것이다. 늘 마음을 밝게 하라. 그러면 밝은 일, 좋은 일만 생기게 된다.

• 엄재호 사례(28)

성인 여드름에 대한 또 다른 사례이다.

앞의 두 학생과 같은 성인 여드름인데, 다른 점은 얼굴보다도 뒷머리와 목덜미 사이에 마치 종기처럼 심해서 많은 진물이 목덜미로 흘러내려 옷에 묻히지 않으려고 자라목처럼 내밀며 신경을 쓰고 있는 것이 안타까워서 불렀다.

이 여드름은 병이 아니고, 가짜야 없는 것이다. 가짜에 속아서 고생하고 있으니, 병이라고 인정하지 말고, 화내지 말고 밝은 생각과 밝은 말만을 하면 곧 사라진다. 하니 본인도 친구들한테 들은 바가 있다고 했다.

처음 듣는 말이라 믿기가 어렵겠지만 지금 내가 말한 대로 믿고 하면 당장 사라져 버린다. 집에 가서도 쉬지 말고 그렇게 생각하면 반드시 좋아진다고 했다.

그 후 여름 방학을 마치고 깨끗한 얼굴로 찾아왔다. 처음 공부하는 날부터 좋아지는 것 같아서 말씀하신 대로 믿고 열심히 했더니 2~3일이 지나면서 깨끗하게 좋아졌다고 신기해하며 기뻐했다.

좋은 체험을 했구나. 그래서 좋은 생각, 밝은 생각만 해야 한다. 시간이 빠르고 늦는 차이는 있지만, 반드시 본래대로 된다.

19. 견성과 성불

• 박종순 사례(29)

기본교육을 마치고 상담 공부를 하게 된 중소기업 회장으로 건강과 사업, 깨달음에 대해 알고 싶다고 했다. 건강은 수술 후에 신경이 쓰인다는 것이고 사업은 알차고 번창하기를 바라는 것이지요? 그렇습니다.

건강은 내 마음이 건강하고, 어둡지 않고 밝게 살면 그것이 건강이다. 내 몸 어디가 좋지 않다고 신경을 쓴다는 것은 어둠이고, 괜찮아 건강하다는 것은 밝음이다. 그래서 가족과 회사 직원 모두가 늘 건강하고 자기 할 일 잘 하고 있다고 감사하는 마음은 밝은 삶이다.

사업은 부를 쫓아가기보다 사회가 요구하는 것이라면 확장에 뜻을 두고 준비하면서 역시 나와 남에게 이익이 되게 밝게 살면 자연히 기회가 온다. 그때 시작하면 된다. 깨달음을 견성(見性)과 성불

(成佛)로 나누어 설명한다.

견성을 물에 비유해 보면 수만 개의 물 분자(H_2O)가 모여 한 방울의 물이 된다. 흔히 오염된 물이라 하면 물 전체가 오염된 것으로 알고 있지만, 사실은 물 분자 하나하나 사이의 빈틈이 오염이 돼 있을 뿐이다.

그리고 어떤 오염물도 물 분자 안으로 뚫고 들어간다거나, 물 분자를 파손시킬 수는 절대로 없으므로, 물 분자 안에 있는 물은 언제나 완전한 청정수이다. 쉽게 말하면 '물이 얼어서 얼음이 되든 얼음이 녹아서 물이 되든, 물이 심하게 오염이 되어있든, 겉모양을 보지 않고 물 분자 안에 있는 청정수를 보는 것이 견성'이다. 반면에 겉모양만 보고 청정수를 보지 못한다면 견성이 아니다.

이처럼 우리 마음(성품, 불성, 신성, 영성) 역시 어떤 힘이나 무기나 세력이나 유혹으로도 절대 상처받거나 파괴될 수 없는, 광대무변하고 영원불변하며 텅 비어 있으면서 알아차리는 성스러운 완전한 존재가 바로 나이다. 이 진리를 깨닫는 것을 성품을 보았다고 해서 견성(見性)이라 한다.

성불은 나의 성품을, 진짜 나를 깨닫고 알았으니, '어떤 유혹에도 어떤 힘에도 절대 굴하지도 물러서지도 않는 것'을 말한다.

박종순 님은 지금까지 깨달음을 어렵게 생각했었는데 물에 비유하여 견성과 성불로 구분해서 설명해주시니 바로 알겠다고 했다. 깨닫기는 쉬운데, 깨달은 다음이 중요하다.

내가 바르게 깨달았다면 남에게 도움을 주고 이익이 되는 삶을 살겠지만, 깨닫지 못했으면 남과 나를 하나로 보지 못하고, 없는 현상계를 있다고 보고 나도 있고 남도 있다고 둘로 보게 된다.

본래가 하나인 본성의 마음으로 들어가 보면 내 마음은 하늘과 같이 텅텅 비어 있는데 아무리 찾아봐도 남은 없고 나만 있어 나 아닌 것은 하나도 없더라. 이것이 각자(覺者)이다.

하늘과 같이 넓은 내 마음을 잘 살펴보고 또 살펴보자. 비어 있는 속은 모두 하나이다. 모두가 하나이고 둘이 아니구나! 깨달으니 도와주고 싶은 마음이 저절로 일어나 남을 도와주는 삶이 각자의 삶이다.

어둠은 없고 밝음만 있는 나의 본성 자리에서 늘 밝게 살면서 믿고 하는 말과 반복하는 말은 엄청난 큰 힘이 되어 바라는 것이 바로 이루어지고, 생사(生死)도 번뇌도 없는 이 세계가 상락아정(常樂我淨)으로 천국정토(天國淨土)의 삶이라 하겠다.

20. 암

• 김희정 사례(30)

위암으로 수술받기 2일 전에 연락을 받았다. 가능한 가족이 모두 참석하였으면 좋겠고, 아픈 사람에 대한 근심 걱정을 일절 하지 말고, 미소를 지으며 건강했을 때의 모습을 떠올리라고 말했다. 그러면서 건강하다. 괜찮다. 병은 있는 듯이 보여도 가짜다. 그리고 환자에게도 이 말을 전하라고 했다.

다음날, 병실에서 첫 대면을 해 보니 별 두려움 없이 편안해 보여서 다행이라고 여겼다. 그런데 우리가 '병이라고 하는 것은 실체(實體; 실재의 물체)가 없는 가짜'인데 있는 것처럼 모양으로 나타나 있으니 의심하지도 않고 병이 있다고 완전히 속고 있다.

하지만 병이 어떤 모양으로 나타나건 본래 없는 가짜이다. 오직 세상에 존재하는 것은 밝음(건강)뿐이고, 어둠(병)은 존재하지 않는다는 이 영원한 진리를 반드시 믿어야 한다.

그 이유는 어둠이 있는 데는 밝음이 들어갈 수 있어서 밝음이 들어가는 순간 어둠인 병은 없어진다. 그래서 밝음이 있는 데는 어둠이 들어갈 수가 없다. 가까이 가는 순간 어둠(병)은 흔적도 없이 사라져 버린다. 그러니 '존재하는 것은 밝음뿐이고, 건강뿐이라고' 말하고 있는 사이 표정은 밝아지고, 생기가 돌고 있어 속으로 감사를 했다.

옆에 있던 부군이 아내의 양 발바닥에서 기가 나오고 있다고 했다. 그때 나의 손에서도 상당히 강한 기의 흐름을 느낄 수 있었다. 수술을 앞둔 환자에게서 이런 강한 기의 흐름은 좀처럼 없다. 그리고 발바닥으로 나오는 것은 전신을 도는 강한 기이다. 그때 남편은 이것이 암 덩어리라고 해서 두 번이나 손을 대 보았지만 손에는 잡히지 않았다.

그리고 환자에게는 병을 고치려고 집착하는 대신에 인간은 본래부터 무한한 지혜, 능력, 힘을 가지고 있으므로, 내 몸을 자연치유 능력에 맡기고, 편한 마음으로 이미 좋아져 있다. 나는 건강하다고 믿는다. 애쓰는 가족들과 집도하는 의사, 간호사, 모두에게 감사함을 생각하라고 했다.

그 뒤에 수술은 잘 되었고, 빠른 회복으로 건강을 되찾게 되었다. 의료진과 환자 가족 모두가 하나같이 건강하다고 믿는 마음이 크게 도움이 되었던 것이다.

기본교육과 상담 공부의 요점인 있는 것은 '밝음' 뿐이고 '어둠'은 없다고 확실하게 믿으면 재발은 없다고 했다.

● 황옥선 사례(31)

2년 전에 수술하고 1년 만에 재발하여 다시 수술한 유방암 환자다. 이번에는 다른 곳으로 전이가 되어 손을 쓸 수가 없다고 했다. 병원에서는 앞으로 남은 생이 2개월 정도라고 한다며, 걱정스럽게 말하는 환자의 아들을 성전암에서 만났다. 그는 나의 제자 이기도 한 박 군이었다. 너무 힘들어하고 있어서 걱정할 것 없다. 모시고 오면 된다고 했더니, 움직일 수 있는 상태가 아니라고 했다.

다음 날, 칠성동 자택으로 가서 아픈 사람을 처음으로 대면했는데 가족들이 많이 모여 있었다. 누워서 앓고 있는 모습이 몹시 애처로워 보였다. 앉아 있는 것 보다 누워 있는 것이 더 중증으로 보여 이불로 몸을 바쳐서 앉도록 해보았으나 바로 앉을 수가 없었다.

지금부터는 다른 생각은 하지 말고 환자와 가족은 내가 하는 말을 믿고 따라 하면 된다. 소리를 내기가 힘이 들면 속으로 따라 한다. '이 병은 가짜이고 없는 것이다. 병은 가짜다. 병은 본래가 없다.' 하고 몇 번을 반복해서 말하고 난 다음에는 '있는 것은 오직 밝음이다.

건강뿐이다.'를 되풀이 했다. 그렇게 말하는 사이에 환자가 바로 앉아 있었으며 아프지 않다고 했다. 이것으로 어두운 병 기운은 사라지고 얼굴에는 생기가 돌고 있었다. 병은 없다. 다 나았다. 이렇게 빨리 좋아진 것은 강한 집념 때문이다.

세상에는 왜 밝음만 있고 어둠은 없다고 하는가? 캄캄한 밤인데 해가 뜨면 어둠은 사라지고, 해가 지면 캄캄한 어둠으로 변한다. 즉 빛이 있으면 밝음이고 빛이 없으면 어둠이다. 그래서 빛이 없음을 어둠이라 한다. 밝음(빛)은 어둠을 몰아낼 수 있지만, 어둠은 밝음(빛)을 몰아낼 수 없다. 몰아내기는 커녕 가까이 갈 수도 없다. 세상에는 밝음만 있다는 것이다. 건강은 밝음이고 병은 어둠이다. 그래서 건강만 있고 병은 없다고 한다.

그리고 우리에게는 병은 스스로 고칠 수 있는 무한한 지혜, 능력, 힘을 다 갖추고 있으므로 믿고 실천하면 된다. 어머니가 앉을 수도 없었는데 어느새 똑바로 앉아 있는 것을 봤으니 믿어야 한다. 밝음만 있다. 건강만 있다. 어둠 없고, 병은 없다고 깨달은 사실을 말로 하든, 생각으로 하든 실천해야 한다.

여기서 명심할 것은, 남을 살리는 밝은 말만을 하는 것이다. 어둠은 없는 헛것이므로 어둠에 속한, 병이나 거짓말 즉 남을 해치는 말이나 생각은 아예 하지 말라는 것이다. 모두가 고개를 끄덕이고 수긍하며, 앞으로는 감사와 빙그레를 많이 하겠다고 했다. 이제는 환자가 없으니 환자라는 생각도 말도 해서 안 된다.

• 정정애 사례(32)

온몸에 암이 전위 되어 대소변이 힘들고 자궁근종, 치질, 고혈압, 무릎관절, 우측 허리 통증으로 고생하고 있는 50대로 보이는 중증 환자였다. 가족에게 부축 받으며 들어온 모습은 무척 야위었다. 병원에서는 남은 생을 2개월로 본다고 했다. 가족의 얼굴에는 수심이 가득 차 안타까워 보였다. 그렇다고 해서 모두가 어두운 분위기에 들어가서는 안 되므로, 나는 순간적으로 아픈 사람과 가족에게 미소를 보내며, 걱정을 많이 하셨네요. 이젠 걱정할 필요가 없다고 했다.

'암이든 어떤 불치의 병이든 병은 진짜로 있는 것이 아니고, 없는 가짜이다.' 가짜이기 때문에 고칠 수 있다. 없앨 수 있다고 하는 것이다. 그러나 눈에도 보이고 손으로 만져볼 수도 있고 통증도 겪고 있으니 틀림없다고, 스스로 병이라고 철저하게 인정해버렸으니 병이 아닌 가짜에 속아 꼼짝 못하는 것이다.

이 가짜에서 벗어나야 사는데 '가짜에서 벗어나려면 병이란 꿈을 깨야 한다.' 우리가 악몽을 꾸다가 꿈을 깨면 '꿈속의 악몽은' 어디로 가는가? 어디로 가는 것이 아니라 꿈을 깸과 동시에 없어지므로 이것이 내가 사는 길이다. 그래서 꿈을 깨라고 한다.

악몽은 본래부터 없다는 것을 모두 인정합니까? 인정합니다. 이렇게 말하며 환자의 눈을 계속 마주 보고 있었다.

지금 가장 중요한 일은 환자만이 아니고 가족 모두가 앓고 있는 이 병이 진짜가 아닌 가짜라는 꿈에서 깨도록 합심해야 한다. 한

분이라도 부정적으로 생각하면 그만큼 힘은 약해진다. 꿈만 깨면 병도 없고 아픔도 없다는 사실을 인정합니까? 모두 고개를 끄덕이며 얼굴이 밝아 보였다.

어느 사이 환자가 똑바로 앉아 편해 보였고 신음(呻吟)이 멎었다. 아픔이 없으니 병도 없습니다. 꿈에서 깨어난 것처럼 환하고 너무 기쁘다고 했다. 얼굴에는 이미 생기가 돌고 있어 아픈 사람으로 보이지 않았다. 일어나서 혼자 걸어 보기도 한다.

모두가 놀라서 쳐다보면서 손뼉을 치며 감사를 했다. 누가 꿈을 깬 이 사실을 믿을까요? 믿지 못하는 사람에게 전하면 나오는 반대되는 생각인 역념(逆念)을 보내게 되므로 낭패할 수 있으니, 내 공부가 뿌리를 내려 어떤 말을 해도 흔들리지 않을 때까지 '밝음만 있음'을 계속 생각해야 한다. 이 말에 모두 수긍했다. 그리고 우리는 내 몸을 스스로 치유할 수 있는 무한한 지혜, 능력, 힘을 누구나 갖추고 있는 전지 전능자임을 먼저 인정하고, 내 몸을 믿고 내 말을 믿으며 자신을 가지고 질병은 없다. 건강만 있다고 말한다.

세상에는 어둠(병)은 없고 밝음(건강)만 있다고 하는 영원한 진리를 느끼면서 되풀이하면 된다. 그리고 문제가 생기는 것 즉 고통의 원인이 되는 것은 없는 것을 있다고 보는 데서 문제가 생긴 것이다.

내일부터 월요 반에 참석하여 공부하기로 하고 아픈 사람답지 않게 건강한 모습으로 헤어졌다.

그리고 며칠 후 대소변 조절이 잘 안 된다고 하기에 세상에 존재하는 것은 밝음뿐이다. '밝음은 대소변 조절이 잘 된다고 보는 것입니다.'를 다시 한번 강조했더니 다음 날, 대소변 조절이 잘된다고 했다.

그리고 3주 정도 지난 어느 날, 숨소리가 좀 거칠어지고 안색이 달라 보여서 물었더니, 본인이 다니는 교회 목사님이 기도를 시작했다는 것이다. '기도를 같은 내용으로 해야 하는데!'라고 나는 혼잣말을 했다. 내가 말하는 것은 기도하시는 분의 신분을 말하는 것이 아니고, 기도 내용을 말하는 것이다.

우리 공부는 병이 없다고 전제 하는 공부이므로 병이 있다. 병이 있으니 낫게 해달라는 기도와는 하늘과 땅 차이다. '이 불쌍한 여인을 하루속히 병에서 낫게 하소서' 하고 기도한다면, 이 말은 병이 있다고 병을 인정하므로 낫게 할 수가 없다.

인간은 모두가 신불의 자녀로 위대하여 불쌍하게 여길 사람은 하나도 없다. 병원에서는 병이 있다고. 인정하고 수술이나 약물치료를 하지만, 마음(정신) 치료는 병을 비롯한 어둠은 본래부터 없는 참 '나'의 본성 자리에서, 밝은 생각, 밝은 말만을 하게 해서 병이 없다고 확인시키는 공부이다. 즉 없다는 것을 깨달으면 즉시 본래의 건강한 상태로 돌아가게 된다. 그래서 병을 낫게 한다는 말을 하지 않고 병은 없는 것이다. 원래부터 없다. 밝음만 있고 건강만 있는 우리의 본성 자리에서 밝게 살라고 한다.

그런데 자택에서 목사님과 신자 세 사람이 40일간 매일 기도한다는 것이다. 기도하고 마칠 때가 되면 통증이 오기 시작했다고 한다. 여기서는 기도를 일주일에 3번 하는데 할 때마다 좋아지고, 집에 가면 나빠지고 하는 일이 여러 날 반복되었다. 그 후로는 여기서 기도를 해도 이전만큼 회복이 빠르지 않으니 낭패가 난 것이다.

그리고 이웃과 친지들이 와서는 정정애 님의 등과 팔을 쓰다듬으며 이제는 안 되겠다, 가엾다며 어두운 말만 하니 건강은 나날이 나빠지고 밝음은 어디에도 없었다. 어둠에서 벗어나도록 정리하지 못하면 여기에 와도 소용이 없고 밝음만을 택하라고 간청해 보았지만 2주 넘게 지속되면서 결국 어둠에서 헤어나지 못하고 고인이 되었다. 참으로 애석한 일이었다.

비록 고인은 되었지만 안타까운 사연의 주인공으로 남게 되었다. 세상에는 어둠 없고 밝음만 있다. 밝음 속에서는 건강이 있고 삶이 있다. 밝은 기도를 할 때는 건강이 좋아지고 몸에서 생기가 돌았다. 하지만 어둠 속에서는 건강도 없고 삶도 없다. 병이 있다고 하는 어둠의 기도를 할 때는 건강이 나빠지고 생기마저 사라졌었다.

'말에는 엄청난 힘이 있다. 밝은 말에도 어두운 말에도 같은 힘이 실린다. 반복되는 말에도 같은 힘이 실린다. 밝은 말은 나도 살리고 남도 살린다. 어두운 말은 나도 헤치고 남도 헤친다.'

• 이민태 사례(33)

직장암으로 괴로워하는 중소기업 회장이 방문했다. 살고 죽는 것은 본인이 결정해야 하는 것으로 누군가가 나를 살려주는 것이 아니다. 이 사는 길을 나는 알고 있으니 그 길로 안내하겠다고 했다.

그 길은 두려워하고 걱정하는 어두운 길이 아니고 두려움 없고 근심 걱정 없는 웃으며 갈 수 있는 밝은 길이다. 직장암은 없는 가짜인데, 가짜인 줄 모르고 진짜라고 속고 있다. 세상 어디에도 병이란 것은 본래 없고 기껏해야 주의하라는 경고등에 불과하다. 반면에 있는 것은 건강과 밝음만 있고, 어둠은 본래부터 없다는 '이 영원한 진리'를 먼저 깨달아야 한다.

병은 없는 가짜라는 사실을 깨닫기만 하면 된다. 그래서 지금부터는 깨닫기 위해서 밝은 얼굴로 묻고 답해야 한다.

어둠이 있는데 밝음이 들어올 수 있어요? 들어올 수 있습니다. 반대로 밝음이 있는데 어둠이 들어올 수 있어요? 없습니다.

이처럼 내 마음 밝아지면 어둠은 들어올 수 없고, 들어와 있는 어둠은 사라진다. 내 마음이 밝으니 어둠인 직장암은 바로 사라진다. 확실하게 깨달았다고 답하는 이민태 님의 얼굴이 밝아 보였다.

여기서 건강은 밝음이고 병은 어둠이다. 이렇게 분류하면 모든 것은 밝음과 어둠으로 나눌 수 있다. 성공은 밝음이고 실패는 어둠이다.

그런데 어둠은 있는데 왜 없다고 합니까? 어둠이 있는 것처럼 보이지만 빛만 들어가면 어둠은 흔적도 없이 사라지니까 없다는 것이다. 빛이 들어와도 어둠은 버티고 있어야 하는데, 버티지 못하고 없어지니 없는 것이다.

밝음 있고 어둠 없다는 것을 이제 확실히 깨달았다고 이민태 님은 분명하게 대답했다. 그래서 또 한 번 더 질문하고 답을 했다. 병 있습니까? 병 없습니다. 아픔이 있습니까? 아픔도 없습니다. 왜 아픔이 없는가? 병이 없는 데 몸이 아플 리가 없다.

이제는 완전하고 본래대로 건강한 상태가 되었다고 기뻐했다.

낫게 해 주셔서 감사하다는 마음으로 백지 수표 한 장을 내놓길래 나는 결코 낫게 한 적이 없습니다. 낫게 한 것은 오직 자신의 믿음이 낫게 한 것이라며 돌려주었다.

그리고 '반복하는 말, 믿고 하는 말은 엄청난 큰 힘이므로 건강하다. 괜찮다를 많이 합니다.' 인간에게는 스스로 치유할 수 있는 무한한 지혜, 능력, 힘 모두를 갖추고 있으므로 굳게 믿고 실천하면 된다고 했다.

또 어둠은 없다고 할 때 한 걸음 더 나아가 또 무엇이 없는가? 형상이 있는 것, 변하는 것, 주고받을 것이 모두가 없는 것으로 이를 현상계의 삼공(三空) 없음이라 한다. 그리고 실상의 있음에는 밝음, 참 '나만 있다고 말하고 다음 기회에 더 공부하기로 했다.

21. 엉치 비만

• 김보열 사례(34), 김달수 사례(35)

중소기업 회장인 김보열 님이 고등학교에 다니는 장남 김달수 군을 데리고 와서는 엉덩이에 살이 많아서 허리를 굽히는 데 힘이 들고, 몸이 무겁다고 했다. 일체가 유심조(唯心造; 마음은 만물의 본체로서 모든 존재는 마음에서 비롯되므로 마음을 떠나서는 아무것도 존재할 수 없고 마음이 만든다)에서 마음이 허리를 굽히기가 힘들다고 생각하면 굽히기가 더 힘이 든다. 반대로 굽히기가 편하다고 하면 편해져야 하는데 실천은 좀처럼 잘 되지 않는다고 했다.

어둠은 없고 밝음만 있다는 사실을 먼저 깨달아야 한다고 일러 주었다.

깨닫기 위해서 쉬운 예를 하나 들어 본다. 해가 지면 어두워지므로 빛이 없는 것을 어둠이라 한다. 해가 뜨면 밝아지므로 빛이 있는 것을 밝음이라고 한다. 어둠은 빛이 들어오면 바로 없어지니, 어둠과 밝음은 공존할 수 없으므로 밝음만 있다는 것은 진리이다.

여기서 건강하다는 것은 정상이고 밝음이지만, 건강하지 않다는 것은 비정상이고 어둠이다. 그렇다면 허리를 굽히기가 힘들다. 몸이 무겁다는 것은, 모두 비정상이고 어둠이므로 본래부터 있는 것이 아니라 없는 것이다.

없는 것은 세상 어디에도 없다. 오직 있는 것은 밝음뿐이다. 그래서 '내 몸은 정상이고 가뿐하다고 말할 수 있느냐?'고 김군에게 물으니, 있습니다. 라고 대답했다. 앞으로는 어두운 생각은 일절 하지 말고, 밝은 생각만 하라고 했다.

밝음 있음과 어둠 없음을 확실히 구분하고 내 마음이 어둠에 있지 않고 항상 밝음에 있도록 할 수 있다면 공부는 엄청난 발전을 한 것이다.

그리고 실상의 있는 것, 현상의 없는 것을 아는 것이 매우 중요하다. 실상의 있는 것은 거짓 없는 순수한 밝은 마음 참 '나'이고, 신불(神佛)이며 전지 전능자로 시공을 초월해 영원히 사는 나만 있다. 그 밖의 것은 변해가는 모습으로 일시적으로 보이다가 사라지므로 없다는 것이다.

여기서 전지 전능자란 어떤 일도 잘 할 수 있는 무한지혜, 능력, 힘을 다 지니고 있으므로, 나 스스로 할 수 있음을 깨달아야 한다. 사업을 하다 보면 나에게 좋은 사람도 있고 미운 사람도 있을 것이다. 그럴 때마다 세상에는 밝음밖에는 없는데, 미운 사람은 어디서 잘못된 것인가? 하고 자세를 낮추면 보일 것이다. 그래도 안 된다면 세상에는 미운 사람은 한 사람도 없다. 좋은 사람뿐이라고 좋게 보면 된다. 그러면서 전능자인 우리는 성숙하게 되는 것이다.

공부를 마치면서, 김달수 군에게 일어나서 허리를 굽혀보라고 했다. 두 팔이 땅바닥 가까이 내려갔다. 처음보다는 많이 좋아졌으며 오늘 공부한 것을 잘 실천하고, 수행하면 더욱 좋아질 수 있다고 했다.

그리고 김보열 회장은 국내에서 알찬 기업으로 알려진 K 회사의 최고경영자였다. 이 회사는 연구 개발과 인력에도 많은 투자를 해서 국내의 동일 분야에서는 앞서가는 회사였다.

22. 해가 뜨는 모습

• 이정순 사례(36)

이정순 님은 김달수 군의 어머니로 한가람타운에서 저녁 시간에 강의를 들었을 때의 일이라 했다. '어느 순간 선생님의 얼굴이 아침에 해가 뜰 때의 모습으로 변해, 내가 잘못 본 것인가! 눈을 감았다가 다시 떠 보았지만, 역시 그대로여서 이상한 일도 다 있다! 너무나 이상스러워서 한번 뵙고 싶었습니다.'라고 했다.

그것은 잘못 본 것도 이상한 것도 아닙니다. 아주 고귀한 체험을 했다고 격려해주었다.

　그리고 이정순 님은 금강심보살님의 소개로 한가람타운에서 강의를 듣게 되었다고 했다. 금강심은 성전암의 신도로 불심이 깊은 보살님이다.

　오늘 한 공부도 군살 빼고 뼈대만 세웠으니 뼈대를 두드리고 두드리면 깊은 맛이 계속 나온다. 그리고 K사 회장과는 관리직 사원에게 강의를 약속하고 밝은 얼굴로 헤어졌다.

23. 알레르기성 결막염, 비염, 변비

● 김영희 사례(37)

　김영희 님은 인간관계에서 믿음을 갖기가 힘이 들고, 알레르기성 결막염, 알레르기비염, 수년 동안 약으로도 해결되지 않는 변비로 고통 받고 있는 분이다.

24. 자궁출혈, 시력약화, 심한 아토피

● 김은희 사례(38)

　김영희 님과 자매인 김은희 님은 건강이 전체적으로 불량하여 자궁출혈, 허리 통증, 시력 약화, 오른쪽 갈비뼈에 약한 통증, 변비, 마음 불안 등으로 힘들어 했다. 또 심한 아토피로 잠을 못 자는 딸 때문에 괴로워하고 있었다.

　세상에는 어둠 없고 밝음만 있다는 기본교육과 상담 공부를 하면서, 나를 괴롭힌다. 고통을 주고 있다는 어두운 것은 모두 가짜이고 없는 것이라고 하니, '지금 고통을 받고 있는데, 이 고통이 없다고 하시니 이해할 수가 없습니다.' 했다. 하지만 없는 것을 있다고 속고 있으니까, 고통을 받는 것이지! 속고 있는 것을 알면 어느 누구도 두 번 다시 속지 않는다.

'속고 있다는 것을 어떻게 압니까? 어둠도 있고 밝음도 있는데 왜 밝음만 있습니까?'라고 하며 믿지 않았다.

어둠과 밝음이 함께 있을 수 있느냐? 잠시 생각하는 듯하더니 '따로는 있을 수 있지만, 함께는 있을 수가 없다.'고 했다. 왜, 함께 있을 수 없나요? 어둠은 빛이 들어오면 사라지고 없어져 버리니 함께 있을 수가 없다고 했다. 어둠은 어디로 갔을까요?

어둠은 빛이 들어오므로 없어지고 밝음만 남았다고 대답했다. 그래서 어둠은 없고 밝음만이, 참 '나' 만이 영원히 존재한다는 것을 깨닫게 했다.

이 영원한 진리를 확실히 깨달아야 함을 강조하자 함께 참석한 자매분도 공감하면서 확실히 깨달았다고 했다.

그리고 우리가 하는 말과 처해 있는 분위기도 매우 중요하다. 밝음밖에 없으므로 말은 밝고 부드러워야 할 것이고 표정도 밝아야 한다.

반복하는 말, 믿고 하는 말, 자신감을 가지고 하는 말은 엄청난 힘이므로 반복할수록 힘은 점점 더 커진다. 여기서 말의 힘이 크다는 것은 보통사람이 백 번 천 번 말하는 것보다 한 번 말해도 말의 힘이 강하므로 기도의 효과가 그만큼 더 크다는 것이다.

딸의 아토피가 심해 가려워서 잠도 못 자고, 약으로는 듣지 않는 것도 지금 공부한 것을 바로 적용하면 된다.

세상에는 밝음만 있고, 건강만 있으므로 어둠인 병은 본래 없다. 아토피는 가짜다. 없는 것이다. 이젠 아토피는 보지 말고 확인도 하지 말고 매끄러운 새 살이 돋아나 있음을 의식하면 더 좋다고 했다.

그리고 알레르기성 결막염, 비염, 수년 간 약을 먹으면서도 힘들었던 변비도 앞에서 인용한 그대로 적용하면 된다. 세상에는 밝음과 건강만이 있고, 어둠과 병은 본래 없으므로, 있는 것처럼 모습을 드러내고 있지만 역시 가짜이므로 병이라고 생각하지 말고 내 눈과 코는 건강하다. 라고 기회 있을 때마다 한 번씩 말하는 것이 좋다. 그래도 신경이 쓰이면 괜찮아 잘되고 있어 육체를 안심시키듯 말하는 것도 도움이 된다.

인간관계에서 믿음을 갖기가 힘이 든다는 것도 오늘 공부에 한번 적용해 보자. 세상에는 밝음만 있어서 나도 밝고, 남도 밝아야 하는데, 믿음을 갖기가 힘이 든다고 하는 것은, 나도 어둡고 남도 어둡다는 것이다. 그런데 나의 어둠은 내가 밝게 할 수 있지만 남의 어둠은 내가 어떻게 할 수 없으므로 내가 할 수 있는 것부터 먼저 나를 밝게 해보자는 것이다.

그래서 나의 눈높이를 살짝 낮추어 보면 내 마음이 편해진다. 내 눈높이를 낮추었으니까 부딪힐 일이 없어지고 상대에게 다가설 수 있다. 상대도 나에게 다가올 수 있다. 세상에 있는 것은 오직 밝음뿐이다. 힘들다는 것도 나한테 있고, 문제를 풀 수 있는 것도 나한 테 있다고 하니 두 자매는 '어둠 없고 밝음만 있음을 이제 깨달았 습니다. 감사합니다.'라고 했다.

알레르기성 결막염은 수업 첫날에 바로 좋아졌고, 알레르기성비 염은 2~3일 만에 좋아졌으며, 몇 년 동안 약으로 견디어 왔던 변비 도 바로 좋아졌다고 했다.

그리고 며칠 후, 더욱 밝은 얼굴로 질문이 있다고 했다. '제 몸이 아주 가벼워졌습니다. 합장하면 마음이 편안하고, 몸이 공중으로 뜨는 것 같아, 떨어지면 어떡하나 신경이 쓰입니다.'

나의 체험으로도 몸이 뜨는 것 같이 가벼웠으나 실제로는 아무런 움직임 없이 그 자리에 앉아 있었다고 말해주었다. 그리고 다음 질 문은 전화하려고 하면 상대방으로부터 전화가 걸려오고, 만나려고 하면 이곳으로 오고 있다는 전화가 오는 등의 일이 일어나면서 뭔 가 잘못된 것은 아닌지 불안하다고 했다.

잘못된 것이 아니니 불안해 할 것도 없다. 처음 공부하면서 신비 한 체험을 하는 것은 강한 믿음으로 인해 마음먹은 대로 이루어지 는 자기 믿음의 결과인 것이다.

나의 체험에도 버스를 타고 가면서, 아무 일 없이 가야만 시간 내 에 도착할 수 있겠구나, 사고가 나면 안 된다. 이런 생각이 머리에 문득 스치자 아뿔싸! 어두운 생각을 해서는 안 되는데, 하는 순간 버스가 정류소에 섰다가 다시 출발하면서 한 노인이 넘어지는 가 벼운 사고가 일어났다.

이런 일이 생긴 것은, 여러 변수가 모여 된 것이다. 나 혼자만의 어두운 염력으로 된 것은 아니지만 보탬이 된 것은 분명해서, 그때부터 밝은 생각만을 하자고 다짐하고 나름대로 실천하고 있다.

실제로 염력이 강한 자를 두고 '나보다 강한 자에게는 숨어서도 대항하지 말라'는 말을 되새겼다.

건강이 좋아진 김은희 님은 수업 3일째부터 안 좋았던 6가지 건강이 모두 좋아졌다고 했다.

'걱정으로 시력이 나빠졌는데, 안심이 되자 바로 회복되는 체험을 언니와 함께 했습니다. 모든 것은 마음에 있다는 것을 더욱 실감했습니다.

그리고 어떤 약으로도 듣지 않았던 딸의 심한 아토피가 바로 좋아졌습니다. 감사합니다. 신비스럽습니다.'

다음 해에도 아토피는 물론 감기도 한번 하지 않았다고 했다. 우리가 공부한 어둠은 없고 밝음만 있다는 진리를 깨닫고 말의 힘을 믿으면 나의 삶이 엄청나게 좋아지는 변화가 올 수 있다고 말했다.

하나님과 부처님의 관계에 대해 질문을 했다. 전지 전능자, 영생하는 자, 참 '나'를 기독교에서는 하나님, 불교에서는 부처님, 이슬람교에서는 알라신 등으로 부르고 종교에 따라서 해석이 다를 뿐입니다. '세상에는 절대권자가 하나뿐입니다.' 내가 믿는 절대권자가 당신이 믿고 있는 절대권자에 뒤진다는 것은 절대로 있을 수 없는 일이다.

25. 디스크

• 박건영 사례(39)

박건영 님은 3년 전에 척추 수술을 받았는데, 재발하여 길에서 폭 꼬꾸라졌다고 했다. 수술한 병원에서는 재수술하자고 했지만 완치할 수 있느냐? 라고 물으니 수술해 봐야만 안다는 말에 그만두었다고 했다.

문제는 통증이 너무 심해 견딜 수가 없고 잠을 잘 수도 없으며 먹을 수도 없고 계속 앓는 소리를 내며 통증을 견디고 있는 딱한 처지였다. 통증을 없애보려고 바로 누운 자세로 나와 눈을 마주하면서 질병은 없다. 가짜다. 가족과 함께 큰소리로 10분 정도 기도를 했으나, 심한 통증으로 앓는 소리는 멈추지 않았다. 그래서 엎드려 눕게 했더니, 스스로 엎드려 눕는데, 1분 이상의 시간이 걸렸고, 아픈 자리를 보니 퍼런 멍이 들고 울룩불룩해 보였다. 두 손을 척추에 대고 느낌을 물으니 감각이 없어 모르겠다고 했다.

이번에는 두 손을 댄 채로 우리에게는 무한지혜, 무한능력, 무한한 힘이 다 갖추어 있다. 어떤 아픔도 나 스스로 없앨 수 있는 치유의 힘이 나에게 있다는 강한 메시지를 전해주었다.

세상에 없는 것은 어둠이므로, 어둠에 속하는 병은 없다. 아픔도 없다. 있다는 것은 가짜이다. 세상에 있는 것은 밝음뿐이다. 건강뿐이다, 건강만 있다. 나는 건강하다. 환자 본인은 물론 가족이 함께 밝은 모습으로, 웃는 얼굴로 되풀이하다가, 실상관을 하라고 했다.

다음 날 간밤에 2시간이나 잠을 잘 잤다고 했다. 확실히 좋아지고 있구나! 꾸준히만 하면 된다고 격려했다. 환자의 앓는 소리도 약하게 들리고 웃으려고 노력했다.

가족들도 어제보다 얼굴이 밝아 보였다. 어제와 같이 세상에는 밝음밖에 없다. 어둠은 없다. 밝음인 참 '나' 뿐이다. 어둠은 있는 것처럼 보여도 시간이 지나면 없어져 버리므로 없다고 하는 것이다. 나는 참 '나' 이므로 영원히 산다. 그리고 건강하다고 생각하고 실상관을 하라고 했다.

3일째 되는 날, 가서 보니 3시간을 잘 잤다고 했다. 우주 전체가 살아있는 하나의 생명임으로 우리를 항상 살게 하고 모든 것을 이루게 하는 이 우주가 내 안에 있다. 우주가 나이고 내가 우주이다. 나는 우주의 중심이다. 이 사실을 인정하지요? 예, 인정합니다. '우주의 살리는 힘이 나의 힘'임을 굳게 믿고 모두 따라 하세요. '척추의 아픔은 가짜이다. 없는 것이다.'

박건영 님은 건강하다고 말로 계속하다 보니 모두의 얼굴은 밝아져 있고 편해 보여서 어제와 같이 건강을 사념(思念)하고, 실상 기도를 하도록 하였다.

그 뒤로는 하루가 다르게 좋아져서 이틀에 한 번, 삼 일에 한번, 연장해 가다 보니, 한 달이 되어서야 완쾌되었다.

가족들은 낫게 해줘서 감사하다고 했지만, 내가 그 길을 아니까, 안내했을 뿐이다. 오히려 내가 한 말을 믿고 따른 것에 감사했다.

가족의 합심과 본인의 강한 의지, 재수술하자 했을 때 말할 수 없는 고통을 참으면서 거부하고 나를 믿고 의지함으로, 즉 '진리에 의지함으로 우주의 살리는 힘이 결실을 본 것이다.' 그래서 감사하다는 것이다. '힘든 고통 속에서 진리를 믿고 자기를 믿음으로 성취한 건강은 재발이 없습니다.' 가족 모두는 합장했다.

● 박선미 사례(40)

7년 전부터 허리 디스크로 다리가 당겨 고통을 받고 있다는 미용실 원장이 찾아왔다. 왼쪽 다리가 짧아 장애인이란 말이 듣기 싫어, 미용실에서는 나무판 밑에 바퀴를 달아 발을 얹어 밀고 다니는 매우 딱한 처지였다. 몇 번을 이곳에 오려고 했지만, 너무 멀어서 출발했다가 되돌아간 적이 있다고 했다.

이제부터는 허리 디스크다. 다리가 당긴다는 말은 어두운 말이고, 어두운 생각이므로 없는 것이니, 앞으로는 일절 하지 말고. 오직 밝은 생각, 밝은 말만 하도록 했다.

허리는 건강하다. 괜찮아, 이상 없어. 디스크는 없는 것을 있다고 착각했어. 이렇게 말하면서 밝음만을 떠올리고, 밝음만 생각하고, 밝음만을 말하라고 했더니, 왜, 어둠은 없다고 하고 가짜라고 하느냐고 물었다. 어둠은 본래가 없으니 없다고 하는 것이고 없는 것이 있는 것처럼 보이니 가짜라는 것이다. 어둠이 본래부터 없다는 것은 '어둠과 밝음이 공존하지 못하는' 데서 바로 알 수 있다.

환하게 밝은 데서 어둠을 보려고 아무리 찾아봐도 어디에도 없다. 어디에도 없으니 어둠은 본래가 없다는 것이다. 이해가 됩니까? 예, 이제야 알겠습니다. 어둠은 없으므로 없다고 하고 밝음은 있으므로 있다고 하는 것이다.

디스크가 있습니까? 없습니다. 건강합니까? 예, 건강합니다.

이렇게 밝은 말을 반복하면서 그래도 신경이 쓰이면 자성이 없는 내 육신의 세포는 주인의 명령에 따르므로, 괜찮아 잘되고 있어. 안심시키듯 말하는 것도 좋다. 그리고 어둠인 병, 미움, 악, 실패 등은 밝은 진리에서 보니 어디에도 없더라. 그래서 없다는 것이다.

삼공(三空)의 없음과 실상의 있음에 대하여 공부하고 있음과 없음을 확실히 깨달아야 한다. 오늘 공부한 것을 말로 반복하면서 실상관을 꾸준히 하면 걱정, 근심, 두려움도 본래 없는 것이니 내 마음 밝으면 이내 좋아진다. 다음 주에 왔을 때 얼굴이 많이 밝아 보였다. 공부 마치고 집으로 갈 때는 아프지 않았는데, 가다가 보니 다시 아프기 시작했지만 아픈 강도는 많이 떨어졌다고 했다. 그래서 아프지 않은 시간이 늘어나면서 좋아지고 있구나. 한번 매달려 보자! 다음 날은 아침 일찍부터 학교 운동장을 돌면서 나는 병 없고, 건강하다고 큰 소리로 말하기도 하고, 실상관을 매일 시간만 있으면 했더니, 마음이 편해져서 하루에 다섯 번씩 했다고 말했다. 계속 그렇게 하면 좋겠다고 격려해 주었다. 그다음 주에 왔을 때는 얼굴이 더욱 밝아 보였다. 그때부터는 본인이 말하지 않으면 아픔은 있느냐? 라는 말은 어둠이므로 더는 물어보지 않았다. 그리고 미용실 주인이 밝아지니, 손님들도 밝아지면서, 단골손님이 늘어나고, 과거에 왔던 분들이 멀리서 다시 찾아오고 있다며 기뻐했다.

그 후로 공부하러 올 때 많은 사람을 데리고 왔다.

● 이남수 사례(41)

목 디스크를 앓고 있는 사장이 찾아왔다.

목 디스크는 일반 척추 디스크보다 완치율이 훨씬 낮고, 잘못하면 전신 마비가 올 수도 있는 힘든 병이다. 우리나라보다는 일본 의사들이 한 수 위로 알려져 일본 의사에게 치료받기를 원했으나 이미 많은 사람이 대기하고 있어 기다릴 수가 없어서 왔다고 했다.

심한 통증은 없지만 어떻게 진행될지 몰라 불안하다고 했다. 이내 분위기를 바꾸어 밝은 미소로 힘들어요? 걱정됩니까? 하고 물으니 고개를 끄덕였다.

'병은 근심하고 걱정하는 어두운 생각으로 생겨나고 그 어두운 생각을 양식으로 해서 먹고 자라므로 근심 걱정을 절대로 해서는 안 됩니다.' 안 하면 양식이 떨어졌으니까 굶어 죽을 수밖에 없다. 그리고 더 빨리 이 어둠을 사라지게 하려면 어둠 대신 밝음이 있어야 한다.

내 마음이 밝아지면 어둠은 숨을 곳이 없으니 바로 사라진다. 여기서 밝음이란 나는 건강하다. 본래부터 건강하다. 병은 본래부터 없다. 아픔도 없다는 것을 말한다. 이 밝은 말을 자신을 가지고 가족이 다 함께 힘껏 말해 본다.

그리고 기본교육으로 세상에는 어둠은 없고 밝음만 있다. 다시 말해 어둠에 속하는 것은 본래 없다고 하니, '없는 병이 왜 이렇게 모양으로 나타나 있고 아프기도 합니까? 그런데도 왜 없다고 하는지 이해가 안 됩니다.'라고 물었다.

처음에는 이해가 잘 안 되지만 어둠은 없고 밝음만 있다고 하는 것을 깨닫도록 하는 것이, 우리가 하는 공부입니다. 그래서 어둠과 밝음이 공존할 수 있느냐? 없느냐? 하고 물으면 앞에서도 언급했지만 조금만 생각하면 어둠과 밝음은 공존할 수 없다는 답이 바로 나올 수 있지요. 왜 공존할 수 없을까요? 밝으면 어둠은 사라지니까. 밝음이 있는 이상 어둠은 존재할 수 없다. 밝음(빛)이 없음을 어둠이라 하고, 내가 밝으면 어둠인 병은 사라질 수밖에 없다. 그래서 마음을 밝게 하라는 것이다.

비로소 고개를 끄덕이며 긍정하길래 '강하게 긍정해야 합니다.' 하고 한번 더 강조했다. 어둠인 목디스크는 있느냐? 없습니다. 아픔은 있느냐? 아픔도 없습니다. 함께 참석한 가족들도 모두 긍정을 했다.

여기서 '밝음과 어둠이 뚜렷한데 오직 존재하는 것은 밝은 것밖에 없습니다.' 어둠에 속하는 것이 있습니까? 없습니다. 그러므로 있는 것과 없는 것을 확실히 구분해서 있는 것만 있다고 인정하고, 없는 것을 있다고 해서는 절대로 안 된다.

'없는 것을 있다고 하는 데서 모든 문제가 생긴 것이다.' 없는 병을 있다고 하고, 없는 고통이 있다고 하니 병이 생기고 아픔이 나타나서 없는 가짜에 속아 있다는 것이다. 탐을 내고 성 내고 어리석음인 탐진치는 밝은 쪽 마음인가? 어두운 쪽 마음인가? 어두운 쪽 마음입니다. 그렇다면 떠올려서 될까요? 안됩니다.

그런데 탐진치를 내려놓으라고 한다면 내려놓을 수가 있을까요?

없는 것이므로 내려놓을 수가 없다. 가질 수는 있을까요? 가질 수도 없다. 이렇게 확실히 깨쳤다면 탐진치는 본래 없으니 내 마음에 떠올리지만 않으면 탐진치는 없다. 그런데도 탐진치를 있다고 잘못 알고 없애려고, 끌려가지 않으려고 육바라밀을 수행하고 있다면 이미 육바라밀을 실천한 셈이 되는 것이다.

기본교육을 마치고 상담하면서 우리는 나이가 들어 늙고, 병들고, 죽는 그런 육체 인간이 아니다. '실상인 참 '나'는 상상도 할 수 없는 위대한 신이고 부처이다.' 이 사실을 믿어야 한다고 하니 고개를 끄덕이며 수긍을 했다.

그리고 편안한 얼굴로 계속 고개를 끄덕이더니, '마음이 이렇게 편할 수가 있습니까! 병이 낫고 안 낫고는 다음이고 이렇게 편할 수가!' 이미 불안은 싹 가시고 얼굴은 밝아 있었다.

'편한 마음은 어둠 없고 밝음만 있는 본성의 마음이다.' 이 본성의 마음으로 밝은 생각 밝은 말을 하면 마음은 흔들림이 없으니 저절로 안정되어 선정에 든다. 선정에는 밝음만 있고 어둠인 집착도 망상도 탐진치도 없으므로 병이 낫고 안 낫고는 더 바라지 않게 된다. '바랄 것이 없는 것이 바로 해탈의 마음'이므로 마음이 편할 수밖에 없다.

마음이 편하다는 것은 어둠이 없다는 것이고, 어둠이 없으니 병은 있을 곳이 없다. 있을 곳 없으니 사라질 수밖에 없고 병은 이미 마음에서는 사라졌다. 이제는 정도(正道)에서 벗어나지 않도록 밝음이 뿌리가 내리게 하면 된다.

그리고 한 달이 지나 주인공은 언제 나았는지도 모르는 사이 이미 나아 있었다고 밝은 얼굴로 감사를 했다. 피우던 담배도 끊게 되었다고 했다.

몇 년 후, 다른 사업을 하려고 서류를 완벽하게 준비해서 관청에 두 번이나 제출했는데도 허가가 나지 않아 담당자도 이상하다고 했다. 뒤에 알고 보니 동업하기로 한 사람이 처음 믿었던 그런 사람이 아니어서 큰일 날 뻔했던 것이다. '성사가 안 되도록 교통정리가 저절로 된 것 같았습니다.' 라고 했다.

내 마음이 밝음에 있으면 밝음만 들어오고 어둠은 들어올 수 없다. 이 우주는 전체가 살아있는 하나의 생명체이므로 시간과 장소에 상관없이 다 연결되어 있어 항상 서로 돕고 있다. 그래서 내 마음이 밝아 있다면 걱정할 일이 아무것도 없다.

• 심규열 사례(42)

어느 날 오후, 제자 심규열이 심한 목 디스크로 찾아왔다. 척추 전문병원에서 치료를 받고 있는데 오늘은 통증이 너무 심해 견딜 수가 없다며 찾아왔다. 아픈 곳에 손을 얹고서 '아픔은 없다. 이것은 없는 가짜이므로 지나가는 것이다.' 라고 말하며 그대로 믿고 따라 하면 된다고 했다.

반대로 목 디스크가 여기 있고. 이것은 병이다. 하고 병을 인정하면 안 된다. 병이라고 인정하면 바로 환자로 바뀌고, 환자가 되면 뿌리가 내려져 회복하는데, 그만큼 힘이 든다.

보통 같으면 4~5분 정도 말을 하면 통증은 사라지는데, 이번 경우는 사라질 기미가 전혀 보이질 않아서, 다른 말로 '너는 지금 꿈을 꾸고 있다.' 악몽을 꾸고 있다. 엄청난 고통을 겪는 악몽을 꾸고 있다. 꿈이 아니면 있을 수 없고 견딜 수 없는 지독한 악몽이다. 이 악몽 속에서 너는 살아갈 수 있느냐? 하고 물으니 '도저히 살 수 없습니다.' 라고 심 군은 대답했다.

그럼, 어떻게 하면 되겠느냐? 고 물으니 '이 악몽의 꿈을 깨야 살지요.' 꿈을 깨야 산다고 말하고, 지금은 생시(生時; 자지 않고 깨어 있을 때)인데 어떻게 하면 꿈을 깰까? 하고 물으니, 그때 심규열 군은 바로 느낌으로 알아차리고, '꿈을 알았습니다. 악몽을 깨달았습니다. 없는 아픔을 있다고 고집한 이것이 악몽임을 이제야 깨달았습니다! 이제 꿈을 깼습니다.' 라고 감탄하며 말했다. 그제야 나는 깨달았다면 아픔은 있느냐? 고 물었더니 심 군은 큰소리로 '아픔은 없습니다.' 라고 대답했으며 어둠은 있느냐?의 물음에도 어둠도 없다고 말했다.

그러면 무엇이 있는가? '건강만 있고, 밝음만 있습니다.' 이렇게 묻고 대답하는 사이 아픔은 많이 수그러들었고 마음도 편해져 이미 회복의 길로 들어섰다. 이젠 안심하고 잠을 자면 푹 자는 동안 생명의 사는 힘으로 자연 치료가 되어 내일 아침이 되면 몸이 훨씬 가벼워질 것이다. 심 군이 이내 잠이 든 것을 보고 나는 방을 나왔다.

다음 날 아침 일찍 일어나 방을 치우고 있는 모습이 아주 밝아 보여 지난 밤, 잘 잤느냐고 물었다. '예, 한숨에 푹 잘 잤습니다. 정말 감사합니다.' 제자는 지옥에서 천국으로 왔다고 했다.

지옥이 따로 있더냐고 물으니 '아닙니다. 지옥은 없었습니다. 없는 것을 있다고 한 내 마음의 망상이 지옥이었습니다.' 그렇지! 오늘은 쉬고 내일 기본교육에 참석하라고 했다.

다음날.

오늘 교육은 현상의 없음과 실상의 있음을 확실히 구분하여 보자. 먼저 오관으로 인식되는 것(육체, 나무, 건물)과 오관으로 인식은 할 수 없어도 변하는 것(생각, 마음)은 현상계에 속한다. 오래 갈 수 없고 변해가므로 없다는 것이다.

영원히 있는 것은 오관으로는 인식할 수 없지만, 영원히 변하지 않고 그대로 있는 것이다. 거짓 없는 순수한 밝은 마음, 전지전능한 참 '나'만 있다. 그 밖의 것은 변해가는 과정만 보이다가 결국은 없어진다. 고정된 실체가 없는 미망(迷妄; 사리에 어두워 진실을 가리지 못하고 헤맴)에 빠져 실체라고 착각해서 보니까, 있다고 하는 것이다.

여기서 중요한 것은 현상의 없음과 실상의 있음을 확실히 구분할 수 있다면 없는 것을 구하려는 집착에서 바로 벗어날 수가 있다. 그래서 없는 것을 구하려고 집착할 수는 없다.

금강경의 대표적 인용구에서도

- 응무소주(應無所住) 이생기심(而生其心)

육근이 육경을 만나 소위 나라는 오온으로 좋다, 싫다, 밉다, 곱다고 하는 없는 것(事, 所)에서 허송하지 말고 이런 것이 전혀 없는 마땅히 본성의 마음 바탕에서 너 마음을 내라.

- 범소유상 개시 허망 약견 제상비상 즉견여래

(凡所有相 皆是 虛妄 若見 諸相非相 卽見如來)

모양 있는 모든 것은 허망하다. 헛것이다. 가짜이다. 허망하고 헛것인 줄, 가짜인 줄 안다면 부처를 본다. 부처라야 부처를 본다. 여기서도 현상의 없음을 철저하게 강조했다.

우리가 생활하면서 현상의 모양 있는 모든 것은, 오래 가지 못하는 시한부이다. 세상에는 어두운 것은 하나도 없고, 밝은 것만, 참 '나'만 있다는 이 영원한 진리가 내 마음에 입력되어 있으니 남과 부딪힐 일이 없고, 성 낼 일이 없으니 웃을 일만 있다는 것이다. 그래서 건강하고 장수할 수밖에 없다. 의학에서도 성격이 낙천적이고, 잘 웃고, 성을 잘 내지 않은 사람이 건강하고 장수한다고 한다.

지옥과 천국은 어디에 있다고 보느냐? 의 질문에 심군은 '모두가 내 마음 안에 있습니다.'라고 말했다. 내 마음 안에 있으니 마음 따라 천국으로도 지옥으로도 쉽게 갈 수가 있다고 말했다. 쉽게 갈 수가 있다고 하는 것은 마음이 밝으면 천국으로, 마음이 어두우면 지옥으로 간다는 뜻이다. 속담에 '잘 되면 내 탓이고, 못되면 조상 탓'이라는 말은 맞는 말이냐? 하고 물으니 심군이 '아닙니다.' 나의 일은 내 마음이 만든 것이지 남이 만들 수는 없다고 말했다.

그리고 이 세상에는 어둠 없고 밝음만 있다고 하는 체험과 없는 것을 있다고 고집한 악몽을 몸소 체험한 이 두 가지는 참을 수 없는 고통을 겪으며 이룬 고귀한 것이다. 앞으로 공부하는데 큰 도움이 될 것이다. 한 달이 지난 후, 심 군을 보니 얼굴이 아주 밝아져 있었다. '교수님 세상에는 밝음만 있다고 하는 그 진리가 입력되어 있어 그렇게 편할 수가 없습니다.'라고 했다. 왜 마음이 편할까? 라고 물으니 '망상의 공포가 사라져서 걱정하고 근심하는 어둠도 없고 밝음만 있습니다.'

더욱 확실하게 편안한 마음을 갖자면, '어둠 없고 순수한 밝음만 있는 진짜 마음은 어떤 것에 의해서도 파손되거나 상처받지 않는 내 본성의 마음이다.' 이 본성 의 마음으로 밝은 생각, 밝은 말만 하고 있다면 마음은 어디에도 끌려가지 않고 안정되어 바로 선정에 들므로 마음은 편할 수밖에 없다! 심군은 고개를 끄덕이며 밝은 표정으로 명심하겠다고 했다.

그리고 '남과 부딪힐 일이 없습니다. 심한 축농증이 사라지고, 끊으려던 담배도, 마시던 술도 언제부터인지 끊어졌습니다.' 하면서 감사할 일만 있다고 했다. 심 군은 자신의 체험을 다른 사람이 이해해줄 때 가장 큰 보람과 신심을 느낀다고 했다. 그 뒤에는 경영학 박사학위를 받고 바로 그해에 대학교수로 임용되었다. 이렇게 빨리 임용된 것은 실상관을 하면서 그 대학을 위해 성실히 일하겠다는 남다른 마음의 각오 때문인 것 같다.

26. C형 간염

• 김순태 사례(43)

흔치 않은 C형 간염을 앓고 있는 운전기사인 김순태 님이 기본교육을 마치고 찾아왔다. 병원에서는 다른 간염과 마찬가지로 현재로는 치료방법이 없으니, 평생 보균자로 살면서 잘 먹고, 과로하지 말고, 스트레스 받지 않고 몸을 튼튼하게 하는 것이 최선이라고 했다.

직업이 운전기사이므로 운전하면서 스트레스받지 않을 수 없고, 과로하지 않을 수 없다고 했다. 간염이 악화되어 다른 병의 원인이 될까 봐 신경을 쓰면서 늘 피로를 느껴 왔다고 했다.

다음날. 그저께까지는 피로를 느꼈는데 이제는 신경이 안 쓰이죠? 그렇습니다. 왜 신경이 안 쓰일까요? 두렵지 않기 때문입니다. 그저께 공부한 대로 두려움, 근심, 걱정은 어둠이고, 어둠은 본래가 없는 것임을 알았기 때문에 두렵지 않다고 했다.

그렇습니다. 있는 것은 밝음 뿐입니다. 밝음은 '나는 건강합니다.' 입니다. 밝은 표정도 함께 지으며 어두운 말, 어두운 표정은 가능한 한 떠올리지 마세요. 김순태 님은 고개를 끄덕이며 계속 긍정을 했다.

27. 손목에 가벼운 통증

• 권순정 사례(44)

손목에서 팔꿈치 쪽으로 가벼운 통증이 있어 잘 낫지 않아 불편을 느낀다는 분이 찾아왔다. 그래서 통증 부위를 입으로 한번 불어줄 테니 숨이라고 생각하지 말고 살리는 힘, 생명 에너지가 흘러들어온다고 믿으라고 했다. 그렇게 될 수 있다고 믿으면 통증은 바로 없어질 수도 있습니다. 예, 믿고 있습니다.

건강한 손목을 생각하면서 아픔은 없고 건강만 있다고 확신하니까? 예, 확신합니다. 아프지 않고 본래대로 좋아졌다고 했다. 기쁜 표정으로 신비롭다고 했다. 믿음만 있으면 누구나 쉽게 할 수 있습니다.

오늘 공부의 요점을 간략하게 정리해 보면 세상에는 어둠 없고 밝음만 있다. 어째서 어둠 없고 밝음만 있다고 하느냐? 어둠과 밝음이 공존할 수 없는 데서 찾아야 한다.

밝음은 어둠이 있든, 없든 어떤 곳에서도 존재하지만, 어둠은 밝음이 없어야 존재한다고 하는 이런 제약이 붙는 것은 완전한 것이 아니므로 없는 것이다.

그리고 얼마 후에는 수십 년을 괴롭혀 온 C형 간염은 없어지고 항체까지 생겼습니다. 라고 기뻐하며 마음도 아주 편하고 몸도 건강하다고 했다.

28. 화, 고혈압, 안수

• 김성주 사례(45)

기본교육을 마치고 상담 공부를 하면서 고민을 말했다. 김성주 님은 남으로부터 피해를 입고 시도 때도 없이 치밀어오는 화를 감당할 수가 없고 회사 운영의 어려움과 고혈압으로 걱정하고 있었다.

먼저 두 가지로 지적해 봅니다.

첫째, 화가 있다고 인정하고 화를 없애려 하면 화를 없앨 수가 없다. '화는 본래 없고, 밝음만 있는 데,' 없는 화를 있다고 인정하니까, 화는 점점 커지고 더욱 없앨 수 없다. 그렇지만 없다는 화가 치밀어오를 때는 가슴이 답답하며 온몸의 생기가 다 빠져나감을 느끼고 이래서는 안 되겠다고 다시 정신을 차려 간절히 기도한다.

간절히 기도한다고 했는데 무엇에 대한 간절한 기도인가요? 화내지 않고, 건강하고, 사업 잘 되기를 바라는 기도입니다. 하지만 이 기도는 하지 않아도 이미 다 이루어져 있으므로 대신 세상에는 어둠은 없고 밝음만 있으므로 화 없고 건강하고 사업 잘 되고 있는 것을 말로도 하고 마음으로도 그려주면, 그만큼 기도의 힘은 강해져 바라던 것이 이루어질 수 있다. 그리고 내가 쓸 수 있는 무한한 지혜, 능력, 힘이 온 우주에 편재해 있음을 알고 쓰면 된다. 내가 우주이고 우주가 나, 참 '나'가 하나이니까 가능한 것이다.

둘째, 남이 나를 해친다고 하지만 나를 해치는 것은 자기 자신뿐이다. 남이 나를 해칠 수가 없다. 화가 난다는 그 일에 대해, 자기 나름대로 화가 있다고 생각하기 때문에 화가 일어나는 것이다. 여기서 중요한 것은 화가 난다. 피해를 보았다는 이런 어둠은 없다. 그러므로 생각하지 말고 그냥 내버려 두면 사라진다. 이해가 됩니까? 예, 이제야 알겠습니다. 상대는 이미 그 일에서 떠났는데 나는 아직 떠나지 못하고 없는 화를 있다고 붙들고 또 피해를 봤다고 씨름을 하고 있었으니까, 괴로울 수밖에 없다. 김성주 님은 고개를 끄덕이며 계속 수긍을 했다. 빙그레 많이 하라고 당부했다.

다음 주에 보니 얼굴은 한층 밝아 보였고 생기가 있었다. '바라는 대로 이루어졌습니다. 마음이 아주 편해지면서 부부간에 조화가 되고, 회사도 궤도에 올랐습니다. 감사합니다.'

남편이 술을 많이 마실 때는 답답하고, 힘들어해서 손으로 쓰다듬으며 아픔은 없다. 가짜이다. 하며 기도했더니 씻은 듯이 가라앉고 속 쓰림도 없이 잠을 잘 잤다고 했다. 평소에도 술 마신 뒤에는 늘 두통과 속이 아팠었는데 이젠 개운한 마음으로 제시간에 일어나고 즐겨 마시던 술도 멀리한다고 말했다. 또 한번은 하수구가 막혀 물이 빠지지 않아 '하수구는 뚫렸다.' 하면서 기도하고 있는데 갑자기 펑 소리와 함께 뚫리면서 물이 빠져나간 일도 있었다고 했다.

남에게 안수할 때, 병은 가짜이고, 없는 것이라고 분명히 말하고, 병이라고 인정하지 말고, 어떤 대가를 바라지도 말고, 그저 잘되기를 바라는 순수한 밝은 마음으로 기도를 해야 한다.

안수의 힘은 누구에게나 다 있지만 개발할수록 힘은 늘어나고 좋은 일에 쓸수록 힘은 강해지지만, 이와는 반대로 무엇을 바라며 안수를 한다면, 안수의 힘은 이내 사라질 수 있고 한편으로는 강제로 몰아내기 때문에 폭력이 된다.

현상세계에서는 인연, 인과의 법칙에 지배를 받으며 살아가므로 병이 생긴 원인이 있으면 반드시 병이 사라지게 하는 길이 있다. 그 길을 알기 전에는 폭력에 의해 쫓겨났으니, 누군가 쫓아낸 책임을 져야한다. 그래서 건강, 밝음만 있고 병 어둠 없다고 폭로시키라는 것이다.

29. 증오심, 불면, 혈압

• 김성숙 사례(46)

김성숙 님은 기본교육을 마치고 상담 공부를 하게 된 생산직에 근무하는 사원이다. 증오심, 두통, 불면, 어려운 경제문제, 가슴 통증, 뒷머리 당김, 소화 기능 약함, 맥이 약함, 신경 쓰면 목소리가 잠긴다고 호소했다.

얼핏 보면 모든 어려움을 남의 탓으로 돌릴 수 있지만, 남 때문이라고 하면 어려운 문제를 해결할 수가 없다. 해결할 수 있는 열쇠를 내가 아닌 남이 가지고 있으므로 그 사람이 해 줄때까지 기다릴 수밖에 없는 것이다. 그래서 이 문제를 자신이 풀어나가야 한다.

앞에서 한 공부는 세상에는 어둠은 없고 밝음만 있다고 했는데 겪고 있는 이 모두는 어둠입니까? 밝음입니까? 어둠입니다. 그럼 있는 겁니까? 없는 겁니다. 없는 것은 없앨 수가 있습니까? 없습니다. 지금까지는 내 마음이 미망(迷妄; 실제로는 없는 것을 있는 것처럼, 여기는 잘못된 생각)해서 없는 것을 있다고 붙들고 없애려고만 했다. 없애려고 애를 쓸수록 어둠은 있다고 인정하는 꼴이 되어 더 크게 보인다. 그래서 없는 것은 세상 어디에도 없다고 과감하게 부정하면 된다. 없다고 한 그 자리에 밝음을 가져오면 증오는 사랑으로, 질병은 건강으로, 가난은 부가 된다. 마음을 바꾸면 바로 좋아진다. 큰 소리로 선언해 봅시다.

나는 사랑한다. 나는 건강하다. 나는 부자다.

김성숙 님은 큰소리로 여러 차례 선언하더니 계속 고개를 끄덕이며 수긍을 했다.

　밝음만 있다는 사실을 깨달았습니까? 예, 깨달았습니다. 느낌이 옵니다. 이 시간부터 어둠은 절대 떠올리지 말고 밝음만 생각하고 말하면 삶이 바로 달라진다. 내 마음이 밝으면 모든 것이 밝아지므로 내 마음이 먼저 밝아져야 합니다. 예, 꼭 밝게 하겠습니다.

　일주일 후. 밝은 얼굴로 수업에 참석해서 말하기를 지난주 공부한 그대로 실천하니까, 내 마음이 아주 편해지면서 미움과 증오심에 대한 감정이 사라지고, 잠을 깊이 자게 되고 몸도 아주 가벼워졌다고 했다. 힘이 없었는데 힘이 솟아나고 허리에 열과 당김이 있었는데 지금은 아주 편안해졌다고 했다. 마음이 편해지니 내가 살길이라고 굳게 믿고 열심히 했다는 것이다. 어려운 생활 속에서도 밝음만 있는 공부를 잘 해서 밝음만 있고 어둠 없다는 사실을 내 의식에 반드시 뿌리내리게 하겠다고 다짐했다.

30. 치매

• 윤순애, 정춘식 사례(47)

　기본교육과 상담공부를 하게 된 여든의 어르신으로 방금 한 것을 잘 잊어버린다. 고 불안해하고 있었다. 여기는 6동인데 5동에서 찾다가 돌아간 적도 있으며 물건을 어디에 두었는지 간혹 깜박할 때가 있습니다. 치매라는 무서운 병이 아닙니까?

　전혀 그렇지 않다. 누구에게나 흔히 있을 수 있는 일로 병이 아니다. 다만 앞으로 치매가 올 수도 있다는 경고등에 불이 켜진 것이다.

이 경고 등을 보고 병이라고 두려워하고 의심해서는 안 된다. 모든 어려움은 우리 생활습관에서 오므로 습관을 긍정적이고 낙천적으로 바꾸면 바로 좋아질 수 있다.

세상에는 "어둠 없고 밝음만 있으니" 어떤 모양의 병이든 가짜이고 없는 것이다. 본래부터 없는데 나의 어두운 마음이 만든 것이므로, 남이 없앨 수는 없고 본인만이 없앨 수 있다. 즉 내 마음 밝으면 어둠(치매)은 사라질 수밖에 없다. 가짜가 사라지게 나와 약속합니다, 예, 약속하겠습니다,

- 병(치매)이라고 인정하지 않고 나는 건강하다고 선언한다.

- 밝은 생각 밝은 말만을 해서 가정의 분위기를 밝게 하고 쓸데없는 근심, 걱정, 초조함 등 어두운 생각과 말은 일절 하지 않는다.

- 나의 괴로운 심정이나 사정을 남에게 호소하지 말라 그 사람은 나를 환자라고 여긴다.

- 충분한 수면을 취한다.

위의 사항을 잘 실천할 수 있으면 내 마음은 늘 밝으므로 어둠인 치매는 접근할 수 없다고 다시 한번 강조하면서 밝은 얼굴을 보고 기회가 있을 때마다 오라고 했다.

치매를 물어보면 어둠을 떠올리게 되므로 물어보지 않았다. 4~5년 동안 지켜보았으나 처음의 어둠은 볼 수 없고 마음은 밝고 매사에 자신감이 있어 보였다.

4-3 경제, 공황장애, 우울증, 천식, 불면증

31. 어린 딸 아들과 조화

• 설미진 사례(48)

기본교육을 마치고 상담 공부를 하게 된 교사의 사례이다.

마음의 화와 짜증을 어떻게 하면 다스릴 수 있을까요? 남편에게 가장으로서 책임감을 느끼도록 하려면 어떻게 해야 할까요? 딸 아들과 조화롭게 살고 싶고 나 자신도 떳떳하게 살아가려면 어떻게 살아야 합니까?

이런 질문은 많은 사람이 하는 보편적인 문제이다.

우리 공부는 아주 쉽다. 세상에는 밝음만 있으므로 밝음을 인정하고 어둠은 없으므로 인정하지 않는 공부이다.

함께 풀어봅시다. 첫째 마음의 화와 짜증을 다스릴 수 있을까요?

다스릴 수 없습니다. 본래 없는 것은 다스릴 수 없다. 세상에는 어둠은 없고 밝음만 있으므로 화나 짜증은 본래부터 없다고 말로도 하고 생각으로도 하면 된다.

둘째 가장으로서 책임감을 느끼도록 하려면 아빠로서 인정하고, 남편으로서 인정하는 것은 밝음이고, 무시하는 것은 어둠이니 무시해서는 안 된다. 부부는 자식들 앞에서는 서로를 존중하며 좋은 아버지, 어머니로 알게 해야 한다. 책임감을 느끼게 하려고 말을 많이 하면 잔소리가 되어 어둠이 되니 말을 많이 하지 않는다. 그리고 꼭 하고 싶은 말 한마디는 '당신은 좋은 아버지, 좋은 남편입니다.'

셋째 딸, 아들과 조화롭게 살고 싶다는 것은 아직 조화롭지 못하다는 말로 어둠이므로, 즉시 밝은 말로 우리 가족은 조화롭게 잘 살고 있다고 내 마음에 선언한다. 그리고 없는 어둠을 보지도 찾으려고도 하지 말고, 오직 있는 밝음만을 보도록 하면서 부모의 아름다운 삶을 보여 주는 것이 가장 좋다. 어릴 때는 아빠보다 엄마의 사랑이 더 필요할 시기인 것이다.

넷째 나 자신이 떳떳하게 살아가려면 어떻게 살아야 할까요? 이 문제는 우리 모두에 해당하므로 함께 풀어봅시다. 소크라테스가 너 자신을 알라고 하였듯이, 실상의 나, 즉 참 나가 나인 줄 안다면 현상세계의 삶 그대로가 두려움 없는 떳떳한 삶이 된다. 이 세상에는 어둠은 없고 밝음만 있으니 밝음만 보고 산다면 남과 부딪치지 않고 사는 아름다운 삶이 된다.

그리고 육체의 내가 아닌, 나는 생사를 초월한 참 '나' 영원히 변하지 않는 참 '나' 전지전능한 참 '나' 이런 참 나는 시작도 없고 끝도 없는 광대무변한 우주 전체에 두루 퍼져 있으면서 모든 것의 바탕인 참 '나'가 바로 나이고, 내가 우주이고, 우주가 나이다. 그러므로 하지 못한다고 제한하지 말라는 것이다. 제한하게 되면 참 '나'를 모르니, 제약을 받을 수밖에 없다.

설미진 님을 비롯한 참석자 모두가 수긍하면서 오늘 공부를 마쳤다.

어머니는 그날 집으로 갔을 때 두 아이의 모습이 너무 아름다워 천사같이 보였다고 일주일 후에 말했다.

세상에는 밝음만 있는데 밝음을 보지 않고 없는 어둠만 보아 왔구나! 그래서 두 아이의 아름다움을 보지 못했구나! 스스로 자책하면서 이제는 밝음만을 본다고 다짐했더니 마음이 아주 편해지고 생각도 긍정적으로 바뀌었다고 했다.

지금까지는 부부의 갈등으로 조화롭지 못한 어두운 모습을 아이들에게 보여 주었고, 이로 인해 두 아이를 정서 불안으로 반항적인 아이로 만들었음을 깨달았고 천사를 보지 못한 엄마는 두 아이에게 마음으로 크게 뉘우쳤다.

해가 바뀌고 나서 설미진 님이 말하기를 두 아이는 적성과 능력을 최대한 발휘하며, 늘 좋은 성적을 거두고 있으며, 남편도 직장을 구해 열심히 근무하고 있다고 했다.

'세상에는 밝음만 있다고 깨달았을 때 내 마음은 아주 편해지면서 생각은 긍정적으로 바뀐다.' 이 마음이 자식에게 바로 전달되어 여태까지는 어머니의 틀 속으로 끌고 가려고, 안 가려고 마음속으로 다투던 갈등이 없어지고 조화를 이루니 본래 모습인 천사를 본 것이다. 천사와 대화하기는 쉽다.

이렇게 어둠도 있다고 했을 때와 밝음만 있다고 했을 때의 삶은 판이하였다. 깨닫기 전에는 어둠도 있다고 인정해서 삶 전체가 어둠으로 엉망이었다. 그러나 밝음만 있다고 깨달았을 때는 어둠이 없으므로 실패는 없고 성공만 있는 것이다.

어둠도 있다고 했을 때와 밝음만 있다고 했을 때, 삶은 확연히 달라진다는 좋은 체험을 모두 공유한다.

음식이 좋은 맛을 내도록 고추와 마늘을 넣어 주듯이, 우리의 삶을 향상하도록 좋은 체험을 공유하는 것이 세상을 밝게 하는 공덕이 된다.

- 자식에 대해 걱정하지 말라. 부모가 잘 살면 자식은 부모를 보고 배운다. 부모가 걱정하면 자식은 불안 해 한다.

- 태어날 때 건강, 수명, 재능(才能), 부(富), 배우자, 자식 등은 업보(業報)의 기본설계가 1/3 정도로 되어있고, 1/3 정도는 본인의 노력, 1/3 정도는 남의 도움과 수호를 받아 운명은 1이 되어 진행된다고 한다.

32. 허리, 장, 비장, 무릎, 딸 아토피

• 최인숙 사례(49)

세상에는 어둠은 없고 밝음만 있다. 참 '나'만 있다고 할 때 거짓이 없는 순수한 밝은 마음이 참 '나'의 마음이다. 허공과 같이 모양도 형상도 없이 텅 비어 있으면서 전지전능하고 시공을 초월하며 영원토록 변하지 않고 항상 깨어 있으면서 알아차리고 있다.

더우면 더운 줄 알고 추우면 추운 줄 안다. 큰 소리가 나면 누가 시키지 않아도 소리가 나는 쪽으로 고개를 돌리는 이것이 참 '나'의 순수한 마음이다.

세상에는 참 '나'만 있다. 그 밖의 모양 있고 변하는 것들은 있는 것처럼 보여도 결국은 없어지므로 없다는 것이다. 그러므로 영원히 사는 나. 신성 불성인 나. 참 '나'만이 영원한 존재임을 깨달아야 한다. 기본교육을 마치고 상담 공부를 하게 된 주부이다.

- 허리, 장, 비장, 무릎, 목이 좋지 않으며, 10살 딸의 심한 아토피, 13살 큰아들의 귀 아픔.

- 가정화합 하는 일, 진리 공부, 건강은 좋아질 수 있는지에 대해 알고 싶어 했다.

우리는 건강하기를 바라고, 소망하는 일이 이루어지기를 기원하며 산다. 그러나 바라고 기원한다는 것은 완전하지 못하다는 어둠이므로 마음에 떠올리면 어둠만 키워서 건강을 악화시킬 뿐이니 마음에 떠올리지 않는다. 그 대신에 오직 있는 것은 밝음만 있으므로 바라는 것은 이미 이루어져 있다는 자신감을 가지고 선언을 한다. '세상에는 어둠은 없고 밝음만 있으며 참 '나'만 있다고 깨달았다면, 눈을 감고 건강한 모습을 그리면서 나의 소망은 이미 이루어져 있다. 이루어졌다.' 라고 반복한다.

그리고 이번에는 눈을 뜨고 소리 내어 힘찬 목소리로 반복한다. 그렇게 하면 마음이 편해지면서 바로 좋아지는 것이다.

사흘 만에 참석한 최인숙 님은 '기도할 때 두 손이 불덩이처럼 열이 나고 왼팔과 가슴에 전기가 흐르는 것처럼 느껴지고, 회전하는 것 같았습니다. 기도를 계속함으로써 장, 허리, 무릎이 아주 좋아졌습니다. 가족이 소중하고 아름답게 보입니다. 맑고 깨끗하고 말 그대로 청정 그 자체입니다. 환경이 달라졌습니다. 나무와 건물이 살아 움직이듯 생기가 있고 인사하는 것 같습니다.'라고 말했다.

공부하는 그 날부터 딸의 심한 아토피가 서서히 나아지면서 특히 얼굴이 깨끗해지고 있다고 했다.

어린이집을 안 가려고 떼를 쓰던 세 살인 둘째 아들이 공부하러 온 다음 날부터는 떼 쓰는 일 없이 신나게 잘 다니고 있어 너무 귀엽고 예쁘다고 했다.

'딸의 심한 아토피가 서서히 낫고 있어 얼굴을 쓰다듬으며 실상관 기도를 하니까 지금은 깨끗하게 나았습니다.'

큰아들이 귀가 아파서 힘들었는데 건강한 모습을 그리며 실상 기도를 했더니 깨끗하게 나았고, 둘째 아들이 원인도 모르게 울며 아프다고 하여 기도를 했더니 스르르 잠이 들면서 아픔이 나았다고 했다.

세상에는 어둠 없고 밝음만 있다고 했을 때 밝음이 있다는 것은 쉽게 이해할 수 있었지만, 밤낮으로 살고 있는 우리에게 어둠이 없다는 것은 이해가 안된다고 했다. 밝음만 있다는 것은 처음에 생소하게 들렸지만, 가만히 생각해보니 '밝음만 있으니 근심 걱정할 일이 없고 화날 일이 없으니 성격은 자연히 긍정적으로 되고 어둠과 밝음은 쉽게 구분할 수 있어 공부하기도 아주 쉬워 맞는 말이다. 사흘 내내 밝음에만 빠져 마음 편히 있었습니다' 만약 어둠도 있고 밝음도 있다고 했다면 이런 체험은 할 수 없다.

여기서 한 번 더 참 '나를 크게 깨달아서 바라는 것 없는 열반의 경지에 들면 모두를 위해 일하므로 가족에게는 신경을 쓸 겨를이 없다. 그러나 그때부터 나와 가족은 신 불(神 拂), 보살, 신장들이 늘 지켜 주므로 내가 신경을 쓰고 걱정할 필요는 전혀 없다는 것이다.

최인숙 님은 좋은 체험을 세 가지나 했습니다.

- 내 마음에 어둠이 없고 밝음에만 빠져있을 때 편해지면서 바라는 것들이 다 이루어졌다.

- 기도할 때 두 손이 불덩이처럼 열이 나는 강한 기를 느꼈고 장, 허리, 무릎이 아주 좋아졌다.

처음 공부하면서 세 아이에게 사흘간 안수도 했다. 기도하여 몸이 깨끗하게 좋아진 경우는 아주 드문 일이다. 하지만 부득이 한 경우 손으로 안수할 때 병은 가짜이고 없는 것이다. 이내 좋아진다고 설득시켜야 한다. 설득시키지 못하면 나는 폭력자가 된다. 그래서 기도를 우선하라고 한다.

- 그리고 내 마음이 순수하고 밝은 참 나의 마음으로 바뀌니 내 환경의 실상을 그대로 본 것이다. 가족이 소중하고, 아름답고, 맑고, 깨끗하고, 청정 그 자체로 보였고 나무, 건물 모두가 살아 숨 쉬는 것 처럼 생기가 있고 모두가 하나인 것 같았다는 것은 참으로 좋은 체험을 한 것이다.

최인숙님은 서울 근교에 있는 큰 절에서 공양주를 3년간 하면서 복을 많이 지은 것이다. 복이 헛되지 않고 과거 미래가 아닌 오늘의 복된 삶으로 이어졌다.

33. 무거운 몸, 어깨, 눈 피로, 착한 딸

• 문선미 사례(50)

지난 시간에 어둠 없고 밝음만 있다고 했을 때, 밝음 있다고는 이해가 되지만, 어둠이 없다고 하는 것은 이해할 수가 없다고 했다. 오늘은 어둠 없음에 대해 여러분 스스로가 깨달아야 하므로, 자연의 현상을 한번 살펴본다.

해가 지면 어두워지고 해가 뜨면 밝아진다. 이 당연한 말은 진리이다. 다시 말해 빛이 없으면 어둠이고 빛이 있으면 밝음이다. 그런데 빛은 한 번도 없어진 적이 없으니 빛만 있다고 한다.

빛만 있으니 어둠은 있을 수 없고, 밝음만 있으니 어떤 어둠도 밝음 안으로 들어올 수 없다. 이 모두가 영원한 진리이다.

이젠 어둠 없고 밝음만 있다고 하는 이치를 확실하게 깨달았다고 모두가 고개를 끄덕이며 밝은 얼굴로 긍정을 했다.

'마음이 항상 순수하고 밝다면 나를 해칠 어떤 어둠도 탐진치도 가까이 올 수 없는 반면 나를 살도록 도와줄 밝음은 늘 네 곁에 있다' 지난 시간 기본교육을 다 마치고 상담 공부를 하게 된 문선미 님은 건축 디자인, 미술을 하는 분이다. 어깨, 눈, 위 피로감에 싸여 힘들어하면서 공부한 체험을 한 주 만에 와서 말하기를 아침 저녁으로 기도할 때 손이 따뜻하고 앞머리가 묵직하고 미간이 후끈하며 전기가 흐르는 것 같다고 했다.

'기도 후, 몸이 엄청 가볍고 몸과 마음이 아주 편안했으며, 아침에 일어날 때는 상쾌한 기분으로 일어납니다.

좋지 않았던 어깨와 눈이 기도를 거듭할수록 많이 좋아졌습니다. 이젠 힘든 일을 해도 피곤하지 않습니다.'

하는 일이 바라는 대로 되지 않아 매우 힘들었는데 기도를 한 후에는 원하는 방향으로 잘 풀리고 있다고 했다.

열두 살 딸도 많이 달라져 자기가 할 일을 잘 알아서 하므로 잔소리할 일이 없어졌다고 했다.

이 모두는 어머니의 마음이 어둠에서 밝은 쪽으로 바뀜으로써 건강은 물론, 하는 일도 바라는 방향으로 잘 풀리고, 딸도 할 일을 알아서 챙기는 예쁘고 착한 아이로 변한 것이다.

이 모두는 우리가 바라는 좋은 체험이다. 세상의 모든 것이 하나이므로 내가 밝아지니 환경까지도 마음에 응답하여 밝아지는 것이다.

34. 두통, 어깨통증, 환자들과 조화

• 최정임 사례(51)

결혼과 개원을 앞둔 의료인으로서 기본교육을 마치고 바로 상담하게 되었다. 바라는 것은 늘 건강하고 찾아오시는 분들에게 자신감 가지고 치료를 잘 해 주고 싶은 마음뿐이라고 했다.

잘 해 주고 싶다는 마음은 아주 밝은 마음이다.

보통 바란다는 것은 자신이 부족하다는 것을 뜻하므로 어두움을 말하는 것이다. 여기서 바란다는 것은 남 잘되기를 바라는 밝은 마음이고 세상에는 밝음 뿐이므로 밝은 마음에서 바라고 행하는 것은 그대로 이루어진다.

그리고 결혼과 개원에 관해서는 어느 정도까지는 설계가 되어있을 것이다. 결혼은 내가 상대로부터 받아 누릴 것 보다 상대에게 베풀 것을 우선 순위에 둔다면 이 또한 밝은 마음이므로 아름다운 만남이 된다.

개원할 장소 역시 좋은 자리와 그렇지 않는 자리가 있겠지만, 중요한 것은 치료를 잘 해주고 싶은 밝은 마음을 가지는 것으로 어디에서 개원하든 세상은 하나이니 잘될 것이다.

우리는 밝음 속에서 생활해야 하지만 근심하고 걱정하는 어둠을 말로 했다면, 이 말은 밝음을 훼손하는 말이므로 즉각 밝으므로 되돌려야 한다. 어둠 없는 밝음으로만 살아봅시다. 참석한 모두는 좋아하며 그렇게 살기로 약속했다.

일주일 만에 참석하여 말하기를

'두통이 없어지고 어깨의 통증이 많이 완화되었습니다. 이젠 모든 일에 자신감이 생기고 생활이 즐거워요.

참지 못하고 눈물을 흘리는 환자들이 많이 줄어들고 치료에 협조적입니다. 환자들과 자연스럽게 조화를 이루는 것 같았습니다. 감사합니다.'

내 마음이 밝음 쪽으로 확 바뀌니 건강이 바로 좋아지고 일에 자신감이 생기고 생활이 즐거우며 환자들과 자연스럽게 조화를 이루게 되므로 치료에도 협조가 된 것이다. 이 세상도 환경도 내 마음의 반영이라는 좋은 체험을 한 것이다.

35. 심한 천식

• 김순조 사례(52)

심한 천식으로 고통을 받고 있어서 기본교육을 못 하고 바로 상담을 시작하게 된 사례이다. 안수의 힘이 있는 딸은 오른손을 잡고 도반(道伴)이 왼손을 잡도록 했다.

'지금까지 천식으로 고생이 참 많았습니다. 시도 때도 없이 기침이 나기 시작하면 좀처럼 멈추질 않지요. 특히 밤에 나는 기침은 본인과 가족들의 잠을 설치게 하지요. 하지만 이 괴로움은 오늘로 끝입니다.'

지금부터 내가 하는 말을 잘 들으시고 실천해야 끝이 난다고 했다. '오 남매를 훌륭하게 키우셔서 모두가 건강하며 잘 살고 있네요. 이제는 모두가 성숙해서 어머니가 걱정하지 않아도 됩니다. 내가 아니면 안 된다는 생각과 급한 성격도 천식이 오래가는 원인이 될 수 있으니 그와 반대로 성격이 낙천적으로 바뀌면 천식은 오래 가지 못하고 사라집니다.'

세상에는 어둠은 없고 밝음만 있으므로 없는 어두운 것 일체를 생각하지 말고 보지도 말며 대신에 있는 밝은 것만 생각하고, 보고, 말하다 보면 성격은 긍정적으로 바뀌어 낙천적으로 되고, 근심 걱정할 일이 없어지고 감사할 일만 있다.

마음이 점점 편해진다고 했다. 어떤 병도 모두가 없는 가짜인데 가짜인 줄 모르고 기침을 붙잡고 있으니 괴로워할 수밖에 없다.

붙잡고 있는 기침을 내려놓는 빠른 길은 기침은 생각도 하지 말고 밝은 것만 보고 생각한다.

이렇게 상담을 끝내고 이젠 완전하니 믿으면 된다고 했다.

예, 기침이 안 납니다. 이제 살 것 같습니다. 정말 감사합니다.

그리고 일주일 후에 참석해서 말하기를 '이제 천식(기침)이 완쾌 되었습니다. 가래와 피가 나온 후 천식이 다 나았습니다. 그리고 대소변도 보는 시간도 일정하게 조절되었습니다.'라고 했다.

36. 남편과 협조, 술

• 박혜은 사례(53)

레스토랑을 운영하는 분으로 기본교육을 마치고 상담 공부를 하 게 되었다.

'남편과의 성격 차이로 협조가 잘 안되어 힘이 듭니다. 남편이 열심히 일하는 모습을 보고 싶고, 술도 자제하고, 집안일과 두 아들의 진로에도 관심 가져주기를 바라고 있습니다.'

앞에서 이미 배운 대로 실상세계와 현상세계는 구분할 수 있다. 성격 차이로 협조가 잘 안된다. 과한 술로 삶이 힘든다. 관심 가져 달라. 이런 문제들은 현상세계의 일로 하나하나를 풀려고 하면 너무 힘이 들어서 풀 수가 없다.

그래서 참 '나'를 먼저 깨달아야 한다. 전지 전능자인 참 '나'를 깨닫고 보면 현상계의 이런 일들은 가짜로 일시적으로 나타났다가 사라지니 관여하지 말고 내버려 두면 된다.

본래 없는 어둠을 생각으로 떠올리지 말고, 말로도 하지 말고, 오직 본래 있는 밝음만을 생각하고 말해야 한다. 그렇게 하면 자연스럽게 힘든 일이 해결되면서 마음은 편해진다.

그렇다면 실천은 어떻게 해야 할까요? 어둠(미움, 악, 병 등)은 없음을, 밝음(사랑, 선, 건강 등)은 있음을 딱 잘라 구분하고, 어둠을 보지 않고 밝음만을 보는 것이다. 지금까지는 협조가 안 된다고 어둡게만 보아온 것을 이제는 협조가 잘 되고 있다고 믿고 밝은 쪽에서만 보면 되는 것이다. 믿는 강도에 따라서 성취 정도는 크게 달라진다.

삼 주가 지나서 말하기를 '이젠 부부 사이가 좋아져서 아주 편해졌습니다. 병원에 다녀도 차도가 없던 오른쪽 팔이 다 낳았습니다. 남편은 좋아하던 술을 많이 자제하고 있습니다.' 이어서 박혜은 님이 겪었던 일을 말했다.

한번은 밤 12시 30분경에 홀에서 정리를 하고 있는데 어떤 사람이 모자를 쓰고 가방을 들고 들어와 물건을 팔러왔다고 했다. 전혀 의심도 두려워도 하지 않고 대해 주었더니, 물 한 컵을 받아 마시며 주위를 살펴보는 듯하더니 휙 나가버렸고, 나간 뒤에 이 시간에 물건을 팔러 오다니 좀 이상하다는 생각이 들었다고 했다.

'박혜은님 참 좋은 체험을 했어요. 누가 봐도 의심할 그 시간에 들어온 밤손님을 조금도 의심하지 않고 손님으로 대했으니 밤손님은 아마도 박혜은님이 천사로 보였기 때문에 어둠은 밝음에 다가갈 수 없으니 휙 나갈 수밖에 없었지요.'라고 말했다.

만약 그때 밝음을 보지 않고 어둠과 어둠으로 맞섰다면 두 어둠은 더욱 커질 것이고, 어둠이 커지면 그만큼 위험해질 수가 있었을 것이다.

밝음만 본다는 것이 이렇게 소중하다.

그리고 남편과 사이가 좋아지면서 서로 편해졌고, 남편은 그동안 즐겨 마시던 술이 맛이 없다고, 술자리를 스스로 사양하며 자제하고 있다는 것도 좋은 체험이다.

술을 끊으라고 한 번도 잔소리하지 않았는데도 스스로 술을 멀리한 것은 참으로 다행한 일이다.

'남편이 잔소리로 들었다면 어둠을 들은 것으로 좀처럼 술을 끊을 수가 없지요.'

그래서 부부간의 일도 상대를 탓하기 전에 먼저 나를 살펴보라는 것은, 반은 나에게 문제가 있기 때문이다. 내가 밝음을 보는 믿음이

강하면 내 주위는 밝으므로 바뀌게 된다. 마음이 편하다고 했지요?

예, 편합니다. 어둠은 보지 않고 밝음만 보니까 마음이 편하다.

탐진치가 일어납니까? 일어나지 않습니다. 탐하고 성내는 어리석음은 본래 없는 어둠으로 떠 올리지 않는다.

탐진치에 끌려가지 않으니 육바라밀을 실천하는 것이고 세상에는 어둠 없고 밝음만 있음을 알았으니 팔정도의 정견을 실천하는 것이다. 이 순수한 밝은 마음이 참 '나'의 본성의 마음이 아닌가!

37. 공황장애, 우울증

• 김영미 사례(54)

전직 간호사였던 주부 김영미 님은 불안, 답답함, 불면, 기운 없고, 어디를 가지 못하고, 사람들과 어울리기 싫으며, 밥 먹기 싫고 하고 싶은 의욕이 없다. 공황장애와 우울증으로 고통받고 있다고 했다.

아홉 가지 증상을 하나하나 고치려고 하면 너무 힘이 든다. 단번에 날려 보낼 방법으로는 전지 전능자인 참 '나'를 깨달으면 가짜인 어둠은 바로 사라지지만, 아직 깨닫지 못하고 괴로워하고 있으니 새로 개발한 꿈을 깨우는 특효약으로 처방한다.

김영미 님은 꿈을 꾸고 있어 약으로는 해결할 수 없지 않은가. 그러나 어떤 악몽이라도 꿈만 깨면 휴우, 이제 살았다고 한다. 그래서 꿈은 본인이 깨야 한다.

지금 병이라고 붙잡고 괴로워하고 있는 이 모두는 사실은 병이 아니고 가짜다. 없는 것이다. 김영미 님은 속고 있다. 인정하느냐? 예, 인정합니다. 인정한다는 그 말 한마디로 바로 견딜 수 없는 악몽에서 깨어났다. 꿈을 깨고 보니 어둠은 다 사라졌지요? 예, 사라졌습니다. 몸도 마음도 가벼워졌습니다. 이젠 살 것 같습니다.

밝음만 있고 어둠은 본래가 없다. 건강, 사랑은 밝음에 속하고 병, 증오는 어둠에 속한다. 밝음에 속하는 것과 어둠에 속하는 것은 쉽게 구분할 수 있느냐의 물음에 구분한다고 했다. 그럼 앓고 있던 것은 어느 쪽에 속할까? 어둠에 속합니다.

어둠에 속하는 것은 이 세상 어디에도 없다. 어둠에 속한 것은 세상 어디에도 없는데 왜 나한테 나타났을까? 없는 것을 있다고 속은 것이다. 김영미 님이 앓고 있던 이 어둠은 이미 마음에서 깨끗하게 없어졌다.

기분이 아주 개운하고 완전합니다. 감사합니다.

그리고 오늘 공부한 '없는 것을 있다고 하는 데서 문제가 생겨나므로' 없는 것은 세상 어디에도 없다고 단호히 배격해야 한다.

참석자 모두 긍정하며 합장한다.

38. 공황장애, 동생도 낫게 하다

• 정철민 사례(55)

기본교육을 마치고 상담 공부를 하게 된 사업가로 가슴이 답답하고, 호흡이 곤란하여, 밀폐된 공간을 피하는 공황장애로 괴로움을 겪고 있었다. 이 병이 나을 수 있을까요? 해서 당장 완치될 수 있다고 하니까 반색을 했다.

지금 괴로워하고 있는 공황장애는 사실 병이 아니고 가짜다. 가짜라고 폭로만 시키면 꼼짝 못하고 꼬리를 내리고 자취를 감춘다. 그러나 가짜인 줄 모를 때는 공황장애란 가짜 병을 붙잡고 괴로워했지만, 이제 확실히 알았으니 가짜인 병을 붙잡지도 말고 인정도 하지 말라는 것이다. 그렇게 잡지도 않고 인정도 하지 않으면 병은 있을 곳이 없으므로 사라질 수밖에 없다. 단번에 사라지는 공황장애를 이 자리에서 같이 보도록 하자.

공황장애는 가짜이지요? 예, 가짜입니다. 공황장애를 병이라고 인정하느냐? 인정하지 않습니다. 그래서 이미 공황장애는 사라졌다. 예, 사라졌습니다. 정철민 님은 아주 밝은 표정으로 매우 개운하다고 했다. 앞으로는 재발할 일도 없으니 안심하라고 했다.

그리고 사업을 할 때는 두둑한 배짱과 배려가 필요하지만 지나친 소심은 삼가하라고 했다. 세상에는 밝음만 있다. 어둠은 본래부터 없으므로 질병과 같은 어둠에 속한 것도 본래부터 없다는 것이다.

여기서 있는 것과 없는 것을 확실하게 구분하여 없는 것은 세상 어디에도 없고, 가짜라고 알고, 잡지 않고, 인정하지 않으면 되는데 어리석어서 가짜를 진짜로 착각하고 붙잡는 데서 문제가 생긴 것이다.

오늘 여기 올 때는 공황장애를 무서운 병으로 알고 붙잡고 있었으니 두려움에 떨었다. 지금은 가짜임을 확실히 알고 놓아버렸으니까 생기가 넘치고 병의 증세는 어디에도 찾아볼 수가 없다. 이처럼 밝음만 있고 어둠 없다는 사실을 모두가 받아들인다면 세상 어디에도 병은 없고 아픈 사람도 없으니 병으로 돌아가시는 분은 없을 것이다. 모두가 근심 걱정 없이 편안하게 노환으로 돌아가실 것이니 생로병사 우비(憂悲; 근심하고, 슬퍼함) 고뇌(苦惱)가 없는 지상천국이 될 것이다.

인류가 소망하는 괴로움을 소멸시키는 사성제(四聖諦)의 고집멸도(苦集滅道)가 자연스럽게 실천되는 길이기도 하다.

어둠은 본래가 없고 밝음만 있다는 이 진리를 깨닫지 못하면 부득이 세상 어디에도 없는 병을 진찰받고 00병 환자가 되는 길을 따를 수밖에 없다. 일주일 만에 와서 말하기를 '병은 가짜라는 사실을 실감했습니다.'

또 동생이 나와 똑같은 공황장애를 앓고 있었는데 내가 멀쩡하게 좋아진 것을 보고 반신반의하면서도 듣고 싶어 해서 공부한 대로 두서없이 '병은 가짜다'라고 동생에게 말하면서 마음으로 병이라고 인정하지 말고, 붙잡지 말고, 생각하지 말라고 했습니다.

'세상에는 밝은 것밖에 없다. 어둠에 속한 것은 그 어떤 것도 없다. 없는 가짜에 속아서 너와 나는 지금까지 고생했어! 이제 고생은 끝났다. 라고 동생에게 말했다.

인간은 위대해서 병에 걸릴 그런 나약한 존재가 아니다. 병을 인정하지 않고 붙잡지 않으면 늘 건강하다. 지금까지 말한 것을 알아듣고 실천할 수 있겠지? 동생이 실천하겠다 하여 공황장애가 있느냐? 없다고 말했다. 왜 없느냐? 본래 병은 없다. 가짜다. 동생의 공황장애도 쉽게 나았다. 나도 놀라고 동생도 놀랐다. 진짜로 병은 없는 것이고 가짜구나!' 를 실감했습니다.

참으로 좋은 체험을 한 번으로 끝내지 말고 활용하면서 왜 어둠은 없고 밝음만 있는 것을 진리라 하는지 알아야 한다.

39. 무릎, 이명, 강박증, 조울증, 우울증

● **최경주 사례(56)**

기본교육을 마치고 상담 공부를 하게 된 최경주 님은 무릎, 이명, 피로감, 강박증, 조울증, 우울증으로 힘들어 하고 있었다.

무릎은 계단 오르내리기가 가장 힘이 들고 평지를 걸어도 천천히 걷는다고 했다.

어떤 이름의 병도, 사실은 없는 것이고 가짜이다. 병이라고 하는 것은 그 증세에 따라 붙인 이름이지 실제로 존재하는 그런 병은 아니다. 앞으로 주의하라는 경고등이니 이 경고등을 보고 병이라고 인정해서는 안 된다.

자동차 연료 주입 게시판에 불이 들어오면 기름을 넣으면 되는 것처럼 아주 간단하다. 그러므로 어떤 이름의 병명이 붙어 있더라도 병은 없는 것이고 가짜이니 병이라고 인정하지 말라는 것이다.

어둠 즉, 그림자는 실체가 없다. 실체가 없으니 아무리 짙은 어둠, 병도 밝음이 들어오면 흔적 없이 사라진다. 그리고 밝음이 있으면 어떤 어둠, 근심 걱정도 절대로 들어올 수 없다. 그래서 밝게 살라고 하는 것이다. 우리가 사는 이 세상은 본래가 천국 정토로 밝음만 있고 어둠은 없다.

하지만 지금까지는 내 마음이 밝음에 있지 못하고 없는 어둠에 있으면서 망상(妄想)만 키웠으니 낭패를 본 것이다. 이 망상이 떠오르지 않게 하려면 먼저 나를 즉, 내 마음을 알아야 한다.

내 마음은 하늘보다 넓고 크면서 텅텅 비어 있더라. 비어 있으면서 필요한 것을 다 갖추고 있다. 추우면 추운 줄 알고 더우면 더운 줄 아는 성스러운 마음이 내 마음이고, 참 '나'이다. 바로 나임을 깨달으면 망상의 어둠은 어디에도 없고, 순수한 밝음만이 있는 본성의 마음 바탕은 어떤 힘에도 파괴되지 않고 상처받을 수 없는 가장 완전한 자리다.

이 자리는 근심, 걱정, 불안, 초조, 해야 한다, 해서는 안 된다. 등의 어둠은 떠 올릴 수 없는 자리다. 밝음만 생각하고 밝은 말만 하니 해야 할 것은 하게 되고, 해서는 안 될 것은 저절로 안 하도록 교통정리가 된다. 그러므로 먼저 나를 깨닫자는 것이다.

깨닫고 한 사언행(思言行)은 선정에 들게 한다. 내가 밝게 사는데 어둠이 내 마음에 들어 올 수 없다. 밝게 살면 어느새 마음은 편해지고 망상이 없어졌음을 스스로 깨닫고 알게 된다.

'망상이 없으면 불안함도 초조함도 없으니 일체의 불행과 병은 저절로 사라질 수밖에 없는 이 사실'을 확실히 알고 자신을 가지고 실천할 때 엄청난 삶의 변화가 옵니다. 라고 하니 고개를 끄덕이며 긍정을 했다. 어둠 없고 밝음만 있다는 이 진리를 이제 깨달았지요? 예, 확실히 깨달았습니다. 그렇다면 이미 밝음에 들어왔으니 걱정할 일은 하나도 없고 오늘 한 공부를 자신 있게 실천만 하면 됩니다.

육체의 내가 아닌 나, 참 '나'는 다시 태어나는 일도 없고 죽는 일도 없으니 생사를 초월하고 영원불변하다. 그리고 존재의 바탕인 참 '나'는 경계가 없으니 모두가 나이며 무한한 지혜와 무한한 능력으로 우주를 구르고 우주를 운전하고 있는 전지 전능한 이 위대한 참 '나가 바로 나임을 먼저 알아야 한다. 동시에 삼공의 없음과 실상의 있음도 함께 알고 깨달았다면 최경주 님의 생각과 말은 엄청난 힘이 되어 바라는 것은 쉽게 이루어질 수 있다.

그리고 돌다리도 두드려보고 건너간다는 성격이 소심

하고 예민한 사람은 어두운 말에 쉽게 넘어갈 수 있으니 어두운 말을 함부로 하는 사람을 멀리해야 한다. 가정의 환경은 가족 모두의 공동운영체이므로 가족의 화합과 조화는 필요하다.

최경주 님이 질문을 했다. 기도나 명상할 때 쓸데없는 잡생각이 많이 나는데 안 하려고 하면 더욱 또렷하게 일어나는데 어떻게 하면 좋겠습니까?

잡생각이 일어나는 것은 어둠이다. 어둠은 없는 것이므로 관여하지 말라. 잡생각이 일어나건 말건 그냥 두면 잡생각을 키우는 거름의 고갈로 저절로 사라지게 되어있다. 어둠인 잡생각을 없애려 애를 쓰니까 도리어 거름이 되어 잡생각이 더 일어나는 것이다.

없는 것을 어떻게 없앨 수 있단 말인가? 잡생각을 없애려고 계속 잡생각을 일으키고 있으니까 잡생각은 꼬리에 꼬리를 물고 더욱 또렷하게 나타나므로 사라질 수가 없다.

어둠은 없으니까 없애려고 할 것도 없이 그냥 놔두면 저절로 사라진다. 오직 있는 밝음만을 생각하고, 말하라.

3주 지나서 말하기를 '수업 첫날 정신적인 건강이 좋아져 마음이 편하고 아무런 걱정이 없어졌습니다. 무릎 건강도 많이 좋아졌습니다. 이제 몸에는 활력이 넘치고 얼굴은 젊은이처럼 피어나고 사업은 번창해지고 있습니다. 감사를 드립니다.'

40. 우울증, 불면증, 이명, 척추협착증

● 이순실 사례(57)

이순실 님은 멀리서 찾아오신 주부로 심한 우울증, 불면증, 이명, 척추협착증 수술과 무릎 수술로 거동이 불편했다.

지금 괴로워하는 우울증, 불면증, 이명 모두는 병이 아니고 가짜입니다. 가짜라고 얼른 이해가 안 가더라도 믿고 따라야 합니다.

가짜를 진짜 병으로 알고 살았으니 괴로울 수밖에 없지요.

가짜가 아니고 진짜 병이라면 나는 살 수 있습니까? 살 수 없습니다. 병은 진짜인가? 가짜입니다. 가짜인 줄 알았으니 이제는 건강하게 잘 살 수 있습니다.

가짜는 어둠이므로 어두운 생각 어두운 말을 하지 말고, 그냥 두면 사라진다. 가짜인 것을 모르고 없애려고 애써봤지만 본래 없는 것이니 없앨 수 없고 오히려 없애려는 생각으로 생각을 쌓아 어둠을 더 키우니 해결은 안 되고 낭패가 난 것이다.

세상에는 어둠은 없고 밝음만 있는데 본래 없는 우울증, 불면증, 이명은 어둠이므로 어두운 생각과 말을 하지 말고 가만히 둔다. 반대로 나는 건강하다. 하고 밝은 생각, 밝은 말만을 하자는 것이다.

건강하다고 말하면서 실감이 나지 않으면 우울증은 없다. 불면증도 없다. 이명도 없다. 그리고 건강하다. 라는 말을 번갈아 하는 것도 좋은 방법이다.

한마디로 말하면 지금까지는 내 마음이 어두워서 건강도 환경도 좋지 않게 스스로 만든 것이다. 건강도 환경도 좋아지게 하려면 스스로 마음을 밝게 하는 것이다. 예, 하면서 밝은 얼굴로 고개를 끄덕이며 긍정한다. 마음도 매우 편해졌다고 한다.

그렇다면 내 마음이 편한데 어둠이 있습니까? 내 마음에 어둠 없습니다. 어둠 없는데 어둠의 산물인 병은 있습니까? 병은 없습니다. 우울증도 불면증도 이명도 모두가 사라졌습니다. 지금은 어두운 말은 일절 안 하고 밝은 말만을 하니 마음이 아주 편하지요? 예, 아주 편합니다. 앞으로는 더욱더 밝은 생각, 밝은 말만을 하도록 합니다.

2주 공부한 후의 기록이다.

수업 첫날 심한 우울증과 불면증이 한결 약해져 저녁에 잠을 잘 잤습니다. 마음도 아주 편했습니다.

둘째 날도 마음은 아주 편했으며 저를 보는 사람들은 얼굴이 좋아졌다고 했습니다.

셋째 날에는 심했던 우울증이 완전히 사라지고 불면증도 사라졌습니다. 이 모두가 저에게는 소중한 체험입니다.

하지만 이 소중한 체험을 본인만 좋아졌다고 끝내서는 안 된다.

나와 같이 괴로워하는 사람을 괴로움에서 벗어나게 했을 때 완전한 나의 체험이 되어 다음 체험을 맞이하는 길이 열리고, 그때마다 나의 믿음에 관한 공부는 크게 향상이 된다. 밝음에만 있으면 좋은 일이 바라는 대로 이루어지는 세상이 현상세계이다.

41. 우울증, 불면증, 술

• **정근석 사례(58), 정명주 사례(59)**

42. 무릎관절, 어깨, 허리 통증

• **최순자 사례(60)**

남편 정근석은 건설업의 부도로 술, 우울증, 의기소침, 가정불화에 시달리고 있으며,

아들 정명주(59)는 우울증, 불면, 술로 힘 들어 하고 있으며,

아내 최순자(60)는 남편과 아들의 우울증과 술로 고통을 받고 있으며, 남편의 건설업 부도로 행상으로 어려운 삶을 꾸려가고 있다. 건강도 좋지 않아 무릎관절, 어깨 통증을 견디며 살고 있다.

세 사람의 가족이 기본교육을 마치고 상담 공부를 하게 되었다. 생활이 많이 어려워지면서 남편과 자식은 술로 지내다가 우울증에 걸려 큰 고통을 받고 있다.

우리 가족이 이 어려움을 벗어날 수 있겠습니까?

얼마든지 벗어날 수 있습니다. 하지만 '없는 어둠을 내가 붙잡고 있는 한은 벗어날 수 없습니다.' 우리가 공부하기를 세상에는 어둠은 없고 밝음만 있다고 했는데도, 없는 어둠을 붙잡고 있겠습니까? 있는 것을 잡아야지요.

있는 것은 밝음뿐이다. 밝음은 건강, 부, 성공 등이고 어둠은 병, 우울증, 가난, 못 살겠다 등인데 지금까지는 여러분 마음이 어둠에 있었습니다. 그래서 힘들었구나! 하고 크게 한번 뉘우쳐야합니다. 세 사람은 알았다는 듯이 고개를 크게 끄덕였다.

'마음이 밝으면 잘 살고, 마음이 어두우면 못산다.' 이 간단한 진리를 이제 확실히 깨달았지요? 예, 이제 확실히 깨달았습니다. 이제는 내 마음이 늘 밝음에 가 있으면 됩니다. 밝음에 들도록 모두에게 눈을 감게 하고 '내 마음은 늘 밝음과 건강과 부에 있다. 그리고 각자 웃는 얼굴로 나는 건강하다. 완전하다'고 강한 믿음을 가지고 선언하게 했다. 이렇게 믿고 실행하면 모두가 건강하고 완전하다. 가족 모두가 하나같이 어둠에 들지 않고 밝음에만 있으면 재발은 있을 수가 없다.

어둠이 간혹 눈에 들어오더라도 저것은 가짜야, 없는 것이라고 강하게 부정하며 눈을 돌리고, 늘 마음은 한 치의 오차도 없이 밝아야 한다. 밝음에서 절대로 이탈해서는 안 된다. 우리가 잘 살고 못 사는 것은 모두가 내 마음 탓이다. 우울증 같은 어둠은 없다.

그럼 무엇이 있는가? 건강과 같은 밝음만 있다. 행주좌와(行住坐臥) 어묵동정(語默動靜) 간에도 수행하라는 것이다.

수업 일주일 만에 기록한 내용이다.

(父 정근석) 수업 첫날 우울증이 사라지고 개안(開眼)을 했습니다. 아직 세속에 찌들어 타성은 남아있지만 개선하려는 의지로 술도 끊었습니다.

그리고 아들의 공격적인 성격이 많이 완화되었습니다. 피할 수 없는 사정으로 술을 마신 후 우울증에 시달렸으나 금주했더니 우울증이 곧 사라졌습니다.

마음이 밝으면 어둠은 들어올 수 없으니 우울증과 같은 병이나 어둠도 나에게 들어올 수 없고, 마음이 어두워지면 우울증과 같은 병이나 어둠이 나에게 들어올 수 있다는 좋은 체험을 하였으니 앞으로 반드시 살려야 한다.

얼핏 보면 금주하기는 쉽고, 우울증을 사라지게 하는 것은 어려워 보이지만 그렇지가 않다. 술맛에 습관이 붙으면 좀처럼 끊을 수 없는 것이 술이며 심하면 본인 의지로는 끊을 수가 없어서 물리적인 힘으로 끊어야 한다. 마음공부 하려는 사람은 술은 절대 금기사항이므로 끊어야 한다. 그렇지만 우울증을 비롯한 어떤 병도 밝음만 들어오면 저절로 사라지게 된다. 그래서 쉽다는 것이다.

(母 최순자) 수업하는 첫날부터 마음은 편안했습니다. 며칠 지나니 어느새 무릎관절, 허리가 좋아져 계단을 불편 없이 오르내리고 있습니다.

남편과 아들이 술을 끊게 되자 집안이 편안하고 생활이 즐겁습니다. 부부 사이도 좋아지고 이젠 남편도 저를 많이 도와주고 있습니다.

무릎과 허리가 여기 오기 전에 병원에선 무릎 사진을 보여 주며 당장 수술을 권했습니다. 하지만 수술비 부담과 매일 벌어서 먹고 살아야 하므로 조금도 쉴 틈이 없어 아픔을 견디며 일하고 있었습니다.

(子 정명주) 수업 첫날 마음이 밝아지면서 우울증이 사라지고, 마음도 편하고 술 생각도, 불면증도 없이, 힘은 솟아나고, 몸은 가볍고, 눈은 맑아지고, 내 안에 참 '나'를 느꼈습니다. 다른 세상에 온 것 같습니다.

지금까지 어둠 속에서 고통스럽게 살아왔다는 것이다. 그렇다면 어둠 속에서의 삶과 밝음 속에서 삶을 스스로 분명히 체험했는가? 예, 체험했습니다. 그러면 어느 쪽으로 가야 하는가? 이제는 밝음 쪽으로 갑니다. 이 길이 가족과 남도 살리는 영원히 사는 길이다. 세 사람은 공부를 잘하겠다고 다짐했다.

43. 우울증, 불면증, 거액의 사기

• 박임순 사례(61)

기본교육을 마치고 상담 공부를 하게 된 주부로서 29세 때 교통사고를 당해 머리, 갈비뼈, 무릎 등의 중상으로 후유증에 시달리고 있었다. 2년 전에는 자궁적출 수술로 늘 피곤하고 불면증에 시달리고 있으며, 게다가 거액의 사기를 당하고 우울증에 시달리고 있었다.

몸도 정신도 많이 힘들었군요. 이렇게 살 수는 없지요? 예, 너무 힘이 듭니다. 누가 나를 이렇게 살 수 없도록 했어요? 남의 탓인가요? 아닙니다. 모두가 제 탓입니다. 삶이 힘든다는 이 세계는 현상세계로 모든 것은 가상(假象; 실물처럼 보이는 거짓 현상)으로 생겨났다가 곧 사라져 버리므로 희비(喜悲)가 엇갈려 일어나는 불완전한 세계이다. 그래서 현상세계를 벗어나면 기뻐할 일만 있고 슬퍼할 일이 전혀 없는 완전한 실상세계가 있으니 그 세계로 들어가자는 것이다. 들어가는 길은 밝음의 길 하나밖에 없으므로 밝은 쪽만 보고 들어가면 된다.

여기서 밝음만 보고 들어간다는 것은 건강, 조화, 성공과 같은 밝은 것만을 보고, 생각하고, 말하라는 것이다. 그 반대는 어둠이므로 일체 보지도 생각도 말로도 하지 말라는 것이다. 할 수 있지요? 예, 할 수 있습니다. 그럼 확신하고 답을 해보세요. 교통사고 후유증 있는가? 후유증 없습니다. 불면증 있어요? 불면증 없습니다. 신경 쓸 일 있는가? 신경 쓸 일 없습니다. 우울증 있습니까? 우울증 없습니다. 이젠 완전합니다.

어째서 완전한가? 늘 밝음에 있기 때문이다. 집에서도 가족끼리 미소를 지우며 밝은 얼굴로 진지하게 묻고 대답하면 엄청난 효과가 있다. 모든 것이 말씀으로 이루어지기 때문이다. 이 세상은 마음먹은 대로 이루어지는 것이다.

사흘 만에 와서 말하기를 수업 첫날에 교통사고 후유증으로 왼쪽 다리에 늘 통증이 있었는데 어느 사이 통증이 없어지면서 가뿐하고 마음이 편안해 졌습니다.

어둠은 없고 밝음만 있다는 이 진리에 따랐더니 몸도 좋아지고 마음도 편했습니다. 이 세상은 정말 마음먹은 대로 이루어지는 세상이라는 걸 깨닫고 앞으로 더욱 공부하며 실천할 것을 다짐합니다.

여기서 마음이 편하다고 하는 이 편안함은 일시적으로 올 수 있는 환경적인 요인이 아니라 진리를 깨달았을 때 느끼는 영원한 편안함이다. 마음이 편하면 몸도 건강해지고 내 환경도 좋아진다. 항상 밝음에 있으니 어둠은 들어올 수 없게 되는 것이다.

44. 폐업으로 고심, 딸의 난청

• 이진영 사례(62)

이진영 님은 기본교육을 마치고 상담 공부를 하게 된 분으로 침구, 이불 등의 판매업을 하고 있었다. 근래 고객이 너무 줄어 운영하기가 힘들어 폐업을 생각 중이며 딸의 난청에 대한 고민으로 마음은 불안하고 가슴이 답답하다고 했다. 앞으로는 여유 있는 삶을 살고 싶다고 했다.

마음이 밝은 쪽에 있어야 하는데 사업 부진과 딸의 난청으로 인해 마음의 어두운 쪽에 있으므로 바라는 대로 되지 않는 것이다.

앞에서 공부한 대로 세상에는 어둠 없고 밝음만 있는데 없는 어둠에 들어가서 사업이 잘 안 된다. 그만두어야겠다. 딸의 난청은 나아지지를 않는다. 이런 어둠만 계속 불러와서 어둠을 키우고 있었으니, 바라는 대로 될 수가 없다. 그래서 본래 있는 밝음을 반드시 불러내야 한다.

밝음을 불러내려면 내 마음이 먼저 밝아야 하므로, 항상 나와 남이 없는 모두가 하나인 참 '나'의 본성 자리에 함께 있음을 알면 내 마음은 편하고 어둡지 않고 밝음에 있게 된다. 그러니 쉽게 밝으므로 들어갈 수 있다는 이 길은 고객들이 몰려와 북적대고 있는 사업장을 마음으로 그려 보며 사업은 잘되고 있다. 딸의 난청은 나날이 좋아지고 있다고 밝게 생각해야 한다.

이렇게 가족이 합심하고 종업원이 합심하여 밝은 쪽으로 함께 가는 것이다.

'한 사람의 고객일지라도 진정으로 사랑하면 전 인류에 대한 사랑이 된다. 개개와 전체는 하나이기 때문에 그대로 통한다.'

'사업이 잘되게 하소서. 난청을 낮게 하소서.' 와 '사업이 번창해야 하는데 딸이 좋아져야 하는데' 라는 말은 아직 안 되고 있다는 어두운 말이므로 절대 해서는 안 된다. 그래서 해야 할 말, 해서는 안 될 말을 구분 할 수 있습니까? 예, 할 수 있습니다. 그리고 결과는 참 '나'에 맡기고 서두르거나 조급해하지도 않아야 한다. 예, 그렇게 하겠습니다.

앞에서 반항적인 아이가 천사의 모습으로 변한 3 건의 사례가 있었다. 문제가 아이에게만 있는 줄 알고 아이를 다그쳐 오히려 역효과만 났었는데 어머니가 '어둠 없는 밝음에 들어가 참 '나'를 깨닫고 집에 가보니 아이가 천사의 모습으로 변해 있었다.' '어머니가 밝게 변하니 아이도 밝게 변하는 것을 보고, 세상에는 밝음 뿐이 구나!' 어머니가 너무 오랫동안 어둠에 있어서 천사를 보지 못했구나! 이 사례에서 이진영님이 할 수 있는 것을 찾아야한다.

어머니는 아이가 내 분신이다. 바로 나다. 나와 일체다. 라는 자각이 강하므로 아이의 입에든 것을 받아먹기도 하고, 뱉어낸 것도 서슴없이 먹어보고 배탈이 나지나 않았는지 확인도 해 본다.

이 시기의 아이는 어머니의 영향을 가장 많이 받을 때이므로 젖을 빨면서도, 잠을 자면서도 어머니의 생각을 알아차리니 그만큼 어머니의 역할이 소중하다.

이때 어머니는 너의 말소리를 듣고 싶구나! 듣고 싶다고 하면, 어머니는 듣고 싶어 하는구나! 나도 듣고 싶어 한다. 듣고 싶다. 듣고 싶다. 하면서 난청에 관해서는 확인도 하지 말고 조급해하지도 말고 편안한 마음으로 난청은 본래 없다고 믿고 기다리면 이내 좋아질 수 있다.

2주 만에 참석하여 대박이 터졌습니다. 하는 사업이 안된다는 어둠은 생각하기도 머리에 떠올리기도 싫었습니다. 그래서 공부한 대로 어둠은 제쳐놓고, '오직 있는 것은 밝음만 있다는 마음으로 사업이 잘되고 있는 밝음만 생각하다 보니, 마음이 자꾸 편해지고, 밝음에 푹 빠져들었습니다.'

마음이 밝고 편했지요? 예, 그렇습니다. 공부한 첫날 오후가 되니 손님이 기다렸다가 쏟아져 들어오는 것 같이 끊이질 않고 이어져 왔어요. 이런 일은 처음이라 놀라고 감사하며 고가의 상품을 저렴한 가격으로 밤늦게까지 팔게 되었습니다.

그런데 며칠 전 우연히 창밖을 보니 기다리고 있는 사람이 너무 많아 보여 저 사람들이 다 들어온다면 어떻게 감당할까? 반가움보다 힘들겠다는 싫은 생각이 문득 머리를 스치고 지나갔는데, 아차 고객인데 왜 어두운 생각을 했을까? 후회하면서 밝음에 들어갔으나, 처음만큼 손님이 오지를 않습니다. 왜 그렇습니까?

해가 지면 어두워진다는 바로 그 이치인 것이다. 창밖에 있는 많은 사람이 싫다는 생각을 일으켰을 때 이미 밝음의 해는 지고 어둠이 들어와서 차질을 빚은 것이다. 그때 바로 밝음에 들어갔는데도 처음만큼 안되는 것은 밝음에 처음 들어갈 때는 신비성이 있었지만, 재차 들어갈 때는 신비성이 떨어진 것이다.

그리고 순간적이나마 일으킨 어두운 생각은 내 마음에서 다 사라질 때까지는 밝음의 농도가 미치지 못하기 때문이니, 서둘지 말고 다소 시간이 걸려도 꾸준히 하면 결국 밝음밖에 없으니 그 자리로 돌아갈 수밖에 없다. 그리고 장사가 잘될 때와 안 될 때의 삶을 다 체험하였으니 앞으로 이 좋은 체험을 어둠에 처한 사람들에게 전해 밝음의 길로 가도록 해야한다. 이 길이 밝음의 길이고 내가 사는 길입니다.

45. 사업 번창

• 박성준 사례(63)

박성준 님은 사업가다.

부친은 경영하던 회사가 부도 난 뒤에 지병이 악화되어 더이상 회사를 경영할 수 없게 되어 아들인 박성준 님이 맡아 정상궤도에 올려놓았다고 했다.

그래서 나는 무거운 짐을 졌구나! 부도 뒤라 재무구조가 몹시 어려울 테지만 어떤 어려움도 박 사장은 잘할 수 있다고 말했다. 그동안 회사 중역으로서 회사를 잘 지켜보았고, 또한 지난날 어머님이 건강이 나빴을 때 병은 가짜이고 없는 것이다. 하고 밝은 말로 폭로시켰을 때 건강이 바로 회복되는 것을 가족 모두가 지켜보았죠? 라고 말하니 박 사장은 보았다고 대답했다. 건강이 회복될 때 병도 보았나요? 아닙니다. 병은 이미 없어져 보지 못했습니다.

바로 그것이다! 밝음인 건강이 나타나면 어둠인 병은 흔적도 없이 사라지므로 가짜이고 없는 것이다. 그래서 밝은 생각 밝은 말만을 하라는 것이다. 그렇게 하면 어둠은 밝음에 들어올 수 없으니 건강도 환경도 다 좋아질 수밖에 없다.

가짜인 이 어둠은 밝음 앞에서는 꼼짝없이 사라질 수밖에 없다. 그래서 세상에는 어둠은 없고 밝음만 있다는 이 간단한 이치를 우리는 다 함께 깨닫자는 것이다. 깨달을 수 있지요? 예, 쉽게 깨달았습니다.

이 사실을 깨달았으니 앞으로 내 마음이 밝음에만 들어있으면 내가 원하는 것이 다 이루어지는 이 세상이 현상세계임을 알겠습니까? 예, 알겠습니다.

모든 것을 아는 나. 아침에 일어나 저녁 잠자리에 들 때까지 종일 나를 운전해 다니는 나는 누구인가? 나는 바로 참 '나' 이다. 이 참 '나' 는 시공(時空)을 초월하고 늘 깨어 있어 모든 것을 알아차리고 있다. 그리고 모든 것의 바탕이므로 참 '나' 없이는 어떤 것도 존재할 수가 없다.

하늘을 날아다니는 비행기가 공기의 마찰이 있어 날 수 있듯이 회사 경영에 힘든 일이 있어도 원망하지 않는다. 이런 일이 있으므로 회사가 발전해 간다는 사실을 알고 있으니, 능히 잘 할 수 있다고 믿는다. 회사를 어떻게 시작했나요?

지금까지의 거래처 단골을 떠나게 해서는 안 되므로 정리되는 대로 서둘러 공장을 빌려 바로 제품 생산에 들어갔습니다. 운영자금이 부족하다 보니 많은 것을 배우게 되었습니다. 이가 없으면 잇몸으로 산다는 말이 실감 나게 느껴졌습니다. 남의 집에 세 들어 살면서도 마음은 아주 편했습니다. 공장이 정상으로 가동되면서 수지 타산이 좋아져 희망이 보였고, 앞으로 더 잘할 수 있다는 자신감이 생겼습니다.

오늘은 '세상에는 어둠은 없고 밝음만 있다'는 이 진리가 마음에 깊이 새겨졌습니다. 자신감을 가지게 된 것이 가장 소중한 것이다.

그리고 한 주 후, 회사직원 세 사람을 대상으로 기본교육과 상담 공부를 마쳤다.

그때부터 사장 부부와 3명의 직원이 본성의 마음 바탕에서 늘 밝은 생각, 밝은 말만 하게 되니 개아(個我) 의식이 사라지고 전체(全體)의식으로 바뀌었다. 개아가 하는 일은 전체를 위한 일이 되어 좋은 분위기 속에서 작업능률은 좋아 질 수밖에 없으니 회사발전에 크게 도움이 된 것이다.

그 후, 박 사장은 회사직원들을 한 가족처럼 여기며, 일하는 분위기가 아주 좋아졌다고 했다. 소박은 자주치고, 대박은 가끔 칩니다. 그럴 때마다 사원들이 잘 해줘서 고맙다는 생각이 먼저 든다고 했다.

그리고 박사장은 두 명의 농학박사가 신제품을 개발하도록 힘을 쏟고 있다고 했다.

박 사장은 사업을 시작하고 8년 만에 공장 650평을 매입하고 다시 6년 만에 비슷한 규모의 제2공장을 매입하여 사업을 확장해서 알차게 운영하고 있다고 했다.

• **김두선 사례(64), 최근식 사례(65)**
식당을 운영하는 부부(김두선 님)의 사례이다. 아내는 매사에 짜증이 나고, 소화가 잘 안 되고, 지치고 힘이 든다고 했다.

몸이 한번 아프면 오래 가 편해지고 싶은 생각이 간절하고 또 아들 진로문제로 걱정이 많다고 했다.

최근식 님은 오른쪽 어깨가 아파 팔을 올리지 못하고 수면이 부족할 땐 머리가 아프고 눈이 침침해진다고 했다.

앞에서 공부한 대로 마음이 어둠에 있지 않고 밝음에만 있으면 밝은 일 좋은 일만 일어난다.

여기서 밝음이란 성공, 건강, 행복, 사랑, 아름다움을 보는 마음이며, 어둠이란 실패, 질병, 불행, 미움, 어둠을 보는 마음으로 본래 없는 가짜인데 이것들이 있다고 착각하여 생겨난 것이다.

가짜에 속아서 힘들게 살았구나! 한번은 깨닫고 크게 뉘우쳐야 한다. 크게 깨닫고 크게 뉘우칠 수록 큰 변화가 온다. 할 수 있지요? 예, 할 수 있습니다.

지금까지는 어두운 생각, 어두운 마음으로 힘들게 살아왔지만, 이제는 '밝은 생각 밝은 마음으로 늘 밝게 살면 나도 모르는 사이에 내가 바라는 일이 이루어집니다.'

내가 바라는 일은 첫째는 몸이 건강해야 하고, 다음으로는 하는 일이 잘 돼야 한다.

식당을 하니 손님이 많이 오도록 하기 위해서 맛있게 식사하는 손님이 건강하고, 하는 일들이 잘되고, 우리 업소를 이용해 주어서 감사합니다. 하고 진정으로 감사하는 밝은 마음을 보내주는 것이다.

그렇지 않고 비싼 음식을 주문하기를 바라는 어두운 생각만을 하고 있다면 손님의 마음은 편할 수가 없으니 자주 올 수가 없다.

손님에게 '축복과 감사하는 마음을 가지면 내 환경이 좋아지고' 내 환경이 좋아지니 주위의 불편했던 많은 사람과도 편해지면서 서로 도와주려고 할 것이다. 그러면서 근심하고 걱정할 일이 없어지니 기뻐하고 좋은 일만 있는 것이다.

수업 3주 만에 말하기를, 수업 첫날부터 손님이 눈에 띄게 많이 왔습니다. 둘째 날부터는 손님으로 대박을 터트렸습니다. 평소 같았으면 영업을 벌써 마쳤을 시간인데도 자리가 비지 않고, 자리가 비었다 하면 어느새 다른 손님이 앉아 있었습니다. 이런 일은 처음 있는 일이라 의아해하면서 감사했습니다.

그런데 다음 날도 그다음 날도 매일 대박이 계속되면서 힘이 들고 지쳐서 손님이 적게 왔으면 하는 생각을 했더니 손님이 확 줄었습니다. 아뿔싸 잘못 생각했구나! 오는 손님을 마다했으니 낭패가 난 것입니다. 만회해보려고 애를 써 보았지만, 그전만큼은 잘 되지 않습니다.

그사이 대박이 나서 장사가 잘 된다는 소문을 듣고 온 같은 업종의 지인들이 비법을 알려달라고 사정을 했지만, 달리 비법은 없고 식당 하는 분들의 마음이 중요하므로, 내가 공부한 대로 '받을 것을 먼저 챙기지 말고 줄 것을 먼저 챙기라'하고 말했더니 이해를 못 했습니다.

특별한 서비스도 없고 장사는 하던 그대로 하고 있는데, 손님은 끊이지 않고 들어오고 있으니 누가 봐도 이상하지 않습니까? 반드시 다른 비법이 있다고 생각하며 알려달라고 통사정을 했습니다. 내가 받을 것을 챙기기 전에 줄 것을 먼저 챙기라고 하니 그 비법은 마음에 들지 않는다며 그냥 돌아갔습니다.

다음날 그 사람은 평소에 서로 신뢰하는 사이로 내 말을 반신반의하면서 들은 대로 한번 해보았습니다. 식사하는 손님에게 건강하고, 하는 일 잘되고, 행복하기를 바란다고 했더니, 본인의 마음이 편해지고, 손님도 편해 보여 자꾸 했더니 평소보다 손님이 많이 왔다며, 두 업소에서 같은 말을 하며 좋아했습니다.

그리고 항상 아들 걱정을 했었는데 공군 부사관 시험에 합격했습니다. 그리고 저는 셋째 손가락이 치료가 안 되고 아파서 일할 때 힘이 들었는데 어느 사이 나았습니다. 남편은 오른쪽 어깨가 고된 작업으로 인해 팔을 올리지도 못해 고통스러웠는데 어느새 나아 있었습니다.

김두선 님은 좋은 체험을 하였다. 손님이 어느 식당에 들어가느냐는 손님의 마음인데 나는 지쳐있으니, 오지 말라는 어두운 마음으로 막는 것은 바로 전달되어 손님이 확 줄어들었던 것이다. 다시 만회하려고 애를 써봐도 회복이 잘 안 된다고 했는데, 그것은 쉽게 해결될 일이 아니다. 처음에 어둠 없고 밝은 마음으로 산다고 했을 때, 마음이 기쁘고 신비로웠지만 그 신비로움이 없어지고 내 마음의 어두운 찌꺼기가 완전히 사라지고 순수한 밝은 마음으로 돌아설 때까지는 많은 시일이 걸리기 때문이다. 그리고 손님을 축복할 때는 우리 식당으로 끌어들이기 위한 상술로서 축복하는 것이 아니라 순수한 마음으로 진정으로 축복할 때 효과가 있다.

46. 경제와 건강, 땀, 눈 충혈

• 이태균 사례(66), 한송희 사례(67)

남편 이태균은 경제적 어려움, 건강, 땀, 비만, 눈 충혈, 술, 담배, 통풍 등으로 괴로워하고 있으며, 견성과 성불을 알고 싶다고 했다.

아내 한송희는 남편의 건강문제와 경제문제, 그리고 두 아들의 학업에 대한 고민이 있었다.

기본교육을 마치고 상담 공부를 하게 된 부부로서 시급한 경제문제와 건강문제를 다 해결하고 싶다고 했다.

경제문제나 건강문제를 다 해결할 수 있는 길을 알기 때문에 가능하다. 이 길은 밝은 길이며 단 하나밖에 없는 길이다. 맑고 청정한 우리의 본성의 마음에서 출발하는 순수한 밝은 생각, 밝은 말만 하는 길이다. 밝은 생각, 밝은 말만 하는 것을 실천 수행하면 마음이 안정되고 망상, 불안과 초조함이 없어지므로 일체의 불행과 병은 저절로 사라진다. 그리고 의식의 변화가 오고 습관까지도 바뀌게 된다.

그런데 잘못해서 어두운 길로 들어가면 낭패가 난다. 낭패가 난 길이 바로 두 분이 걸어온 어둠의 길이다. 이 길은 어둠의 길로써 절대 들어가서는 안 되는 길이다. 그래서 '어두운 길로는 들어가지 말고 밝은 길로만 들어가면 경제문제든 건강문제든 다 해결이 됩니다.'

힘이 들더라도 두 분이 꼭 해결해야 한다. 기본교육할 때, 세상에는 밝음만 있고 어둠은 없다고 했을 때, 확실히 이해하였지요? 예,

확실히 알았습니다. 그 길은 밝은 생각, 밝은 말, 바른 행동만을 하라는 것이다.

밝은 생각과 말이란 나는 부자다. 나는 부자를 존경한다. 나는 건강하다. 나는 땀을 많이 흘리지 않는다. 근심 걱정은 하지 않는다. 아이들은 건강하고 성적이 향상되고 있다.

어두운 생각과 말은 나는 가난하다. 나는 부자를 증오한다. 나는 병자다. 나는 땀을 많이 흘린다. 나는 근심하고 걱정한다. 아이들은 성적이 오르지 않는다. 등 이다.

밝음의 길로 가느냐 어둠의 길로 가느냐에 따라서 우리의 운명이 좌우되는 중요한 길인 것이다. 이해가 잘 안 된다면 지금 바로 눈을 감고 밝은 생각과 말을 일 분 동안 해본다. 어두운 생각과 말도 일 분 동안 해본다. 가고 싶은 쪽과 가기 싫은 쪽이 분명히 있다. '어두운 생각과 말은 우울한 느낌이 오므로 바로 알게 된다.' 그래서 밝은 길로 가라고 권하는 것이다.

그래서 우리는 마땅한 직장이 없다. 건강이 안 좋다. 땀을 많이 흘린다. 비만이다. 눈이 충혈되어 있다. 이런 말들은 어두운 말이므로 앞으로는 하지 않는 것이 좋다. 조급한 마음도 어두운 마음이므로 서두르지 않는 것이 좋지요. 예, 꼭 실천하겠습니다. 실천하겠다는 의지로 이미 밝은 길에 들어섰습니다.

땀을 자주 닦고 있는데, 땀을 어느 정도 흘리는가요? 한겨울에도 땀이 많아서 손수건으로는 감당이 안 돼 세수수건을 가지고 다닐 정도입니다. 그리고 기호식품인 술, 담배는 마음에 떠올리면 떠올릴수록, 끊으려고 할수록, 끊기가 힘든 것이다. 끊든 말든 그냥 버려두고, 참 '나'를 먼저 깨닫게 한다. 본래의 거짓 없는 순수한 밝은 마음, 청정한 마음인 참 '나'의 마음을 깨닫게 되면 술, 담배는 이미 내 마음에서 떠났으므로 자연스럽게 멀어진다.

그리고 참 '나'의 순수한 마음에는 어두운 마음(기호식품에 대한 욕망)이 절대 들어갈 수도 없고 같이 섞일 수도 없다. 물에 비유하면 물은 수만 개의 물 분자 (H_2O)가 모여서 한 방울의 물이 된다. 오염된 물이란? 물 한 분자, 한 분자 사이에 끼여 오염물이 된 것이다. 물 분자 속으로 뚫고 들어갈 수 없는 것과 같이, 어두운 마음은 밝은 마음 안으로 절대로 들어갈 수 없다는 것이다.

물이 얼어서 얼음이 되든, 얼음이 녹아서 물이 되든 모양과 형상이 변해도 물의 본래의 성질은 항상 청정수이다. 그러므로 아무리 오염된 물이라도 물 본래의 성질은 손상되지 않고 그대로 있으므로 정제하게 되면 깨끗한 일급수의 물이 된다.

우리의 참 '나'의 순수한 마음에는 어떤 어두움도 들어올 수 없고, 어떤 무기로도 파괴할 수 없다. 우주가 없어져도 소멸하지 않고, 참 나의 본래의 성품(영성, 불성)은 항상 그대로 있다는 사실을 아는 것이 견성(見性; 자기의 성품을 보는 것)이다.

그리고 성불(成佛)은 자기의 성품, 영성, 불성 즉 참 '나'는 외부로부터 어떤 유혹에도 힘에도 흔들리지 않고 물러서지 않고 굳건히 그대로인 '나'는 본래부터 한 번도 변한 적도 없고, 태어난 적도 없고, 죽어 본 적도 없다. 세세생생(世世生生) 그대로 있으면서 시공을 초월한 전지 전능자로 세상천지에 꽉 차 있는 참 '나'가 바로 나임을 깨닫고 보니, 생명을 가진 모든 존재는 제 멋대로 생각하고 행동하는 업의 힘이라는 틀 속에 갇혀 이 틀을 벗어나지 못하고 운명으로 알고 고되게 사는 것이다. 그러나 어떤 업의 힘에도 지배받지 않고 자유롭게 사는 것이 성불이다.

이렇게 기쁘고 다행스러운 일이 어디 있겠는가? 그래서 만사를 제쳐 놓고 먼저 믿고, 나를 깨닫자는 것이다. 예, 참 '나'를 깨닫도록 노력하겠습니다. 약속드립니다. 두 분의 얼굴은 밝았다.

수년이 지난 어느 날 말하기를 공부를 시작하고 1년이 지나 땀이 나는 것이 정상이 되었다고 했다. 그리고 간신히 마련했던 가게가 주위의 개발로 아파트가 들어서면서 노른자위 땅이 되어 경제적 어려움도 해결되었다. 그리고 직장에서도 인정을 받아 승진하여 안정된 생활을 하고 있다고 했다.

4-4 게임중독, 황반변성, 당뇨, 자궁근종

47. 천국과 지옥

● 박노준 사례(68)

천국과 지옥이 따로 있는지 알고 싶다는 직장인이다.

천국과 지옥이 따로 있다고 말하기보다 내가 스스로 찾아가는 곳이 천국도 될 수가 있고, 지옥도 될 수가 있다. '나의 본성은 누구에게도 지배받지 않고 자유자재하므로 지상에 올 때도 지상을 떠날 때도 내 마음 따라 내가 오고 내가 가는 것이다.' 그러니 부모를 만나는 것도 내가 평소에 바랐던 부모를 만나는 것이고 부모 또한 바랐던 자식을 서로가 원해 만나고 태어나 잘 살아가고 있다. 하지만 한쪽이 자유롭지 못한 만남이라면 낭패를 당해 삶이 순조로울 수 없다.

그리고 지상을 떠날 때는 육체가 없으니 업력(業力)과 평소 젖어 있는 취향(趣向; 하고 싶은 마음이 생기는 방향)에 따라 음악을 좋아했다면 음악 소리가 느껴지는 방향으로 이끌려간다. 마음이 끌리는 쪽으로, 자유스럽게 가고 있으니 마음은 한결 편하다!

간혹 저승을 갔다 왔다고 하는데 저승까지 간 것이 아니고 저승 문턱에서 즉 죽음 직전에서 돌아온 것이다.

그리고 지상에 살면서 천국과 지옥이 따로 있다고 말하는 것 보다 현상세계의 우리 삶이 그대로 옮겨진 것으로 보는 것이 좋다. 현세에서 밝은 생각, 밝은 말 만을 하면서 나와 남을 위해 밝게 산다면 현세에도 내세에도 근심 걱정 없이 살게 되므로 어디를 가서 살아도 천국에서 살 수밖에 없다. 그렇지만 어두운 생각 어두운 말 만을 하며 자기만을 위해서 어둡게 산다면, 현세에도 내세에도 어디를 가서 살아도 근심 걱정으로 살 수밖에 없으니, 여기가 지옥이고 내세도 지옥이 될 수밖에 없다.

48. 세상에 태어난 것은

• 박원경 사례(69)

기본교육을 다 마치고 가끔 공부하러 오는 직장인이다. 우리가 이 세상에 태어난 것을 여행 왔다. 유람 왔다고 하는데 무슨 뜻인지 알고 싶다고 했다.

헤아릴 수 없는 무수히 많은 생명 중에서 유독 인간으로 태어났다는 것은 매우 어렵고 힘든 일이며 선택된 축복임은 잘 알 것이다.

이렇게 존귀한 인간이 한가하게 여행이나 다닐 수 있겠는가? 한

가하게 유람이나 하며 살다보면 육신을 버릴 때는 복덕만 다 까먹고 갈 것이다. 절대로 그렇게 살다가 갈 수는 없다.

그렇지만 대다수 사람은 참 '나'를 깨닫지 못해 지혜가 없으므로 없는 고통, 근심, 걱정, 분노, 생노병사(生老病死)가 있다고 착각하여 온갖 두려움 속에서 살고 있지 않은가? 그런 연유(緣由)로 우리에게는 반드시 '실천할 사명이 부여되어 있으므로' 여행을 왔다고 하기보다, 출장을 온 것이라고 해야한다.

그런 뜻에서 우리는 실천해야 할 큰 사명을 가지고 이 땅에 태어났다고 하겠다.

1) 진짜나 참 '나'를 먼저 깨닫고,

2) 그 깨달음을 전하자는 것.

3) 깨달아 공부할 수 있도록 좋은 분위기를 조성하는 데는, 지켜야 할 5계나 10계(戒), 참회 등은 누구나 잘 알고 실천할 수 있겠지만, 눈에 잘 띄지 않아 간과할 수 있는 몇 가지를 지적한다.

- 거짓말은 진실을 숨기고 바른말은 진실을 드러낸다. 아무리 사소한 말이라도 밝은 말은 주위를 밝게 하지만, 어두운 말은 주위를 어둡게 한다.

- 남의 허물을 찾는 자는 어둠을 찾는 자(者)이고 자기 허물이 없는 자는 남의 허물을 들추어 찾지 않지만, 자기 허물이 있는 자는 남의 허물만 들추어 찾는다.

- 자기를 돌이켜 살펴본다.

- 공부하려는 사람 데리고 나가는 것은 그 사람의 눈을 멀게 하는 것이다.

이상의 사명을 실천할 수 있다면 이 세상에 인간으로 태어난 보람은 더 할 수 없지만, 실천할 수 없다면 이보다 더 큰 죄는 없다.

우리가 이 땅에 태어난 소중함을 이제 분명히 알았습니다. 선택된 인간으로서 사명을 완수하겠습니다.

49. 백혈병

• 최상수 사례(70)

평소에 건강한 지인인데 혈액암을 앓고 있다는 연락을 받고 급히 대학병원으로 가보니 소화가 안 돼 답답하고 숨을 쉬어도 가슴이 답답하다며 매우 괴로워했다. 그래서 최 사장은 지금 가짜 병에 속고 있다. 백혈병이란 본래 없는 가짜이다. 숨을 쉬어도 가슴이 답답하다고 하는 이런 병은 본래부터 없는 가짜다. 가짜를 병이라고 인정하지 말라. 이 세상은 하나님의 나라이지요? 예, 그렇습니다.

그 어디에도 병은 없다. 있을 수가 없다. 있어서는 안 된다. 있다면 천국 정토가 아니다.

그러므로 내 몸에 나타난 어떤 병도 알고 보면 가짜이고 없는 것이다. 기껏해야 경고등인데 병이라고 잘못 알고 속아서 환자가 되어 괴로워하고 있다.

그러므로 절대로 병이라고 인정하지 말라. 인정하면 낚싯바늘에 걸린 물고기처럼 처음에 먹잇감인 줄 알고 물었지만, 가짜인 줄 알고는 사생결단으로 빠져나오면 살 수 있다. 낚싯바늘에 물렸으니 이제 꼼짝없이 죽는다며 빠져나오지 않으면 바늘을 물고서 끌려가 죽게 된다.

이처럼 병을 물고기에 비유하면 바로 낚싯바늘에 해당하므로 병이라고 인정하는 이 바늘을 뽑지 않으면, 나를 꼼짝달싹 못하게 얽어매어 병의 진행 코스로 끌고 가니 살아날 수 없다.

우리의 본성은 무한한 자유이므로 내가 병을 인정하지 않고 허락하지 않으면, 어디에도 발 붙일 곳이 없고 발 붙였다 해도 이내 사라진다. 그러므로 병을 인정하지 말고 죽을지도 모르는 병에 걸려 있다. 나는 환자다. 이런 어두운 생각도 하지 말라는 것이다. 이렇게 말하고 있는 사이 가족 모두가 고개를 끄덕이며 긍정을 했다. 어느덧 긴장감은 사라지고 얼굴은 밝아졌다.

이제는 숨을 쉬어도 답답함이 없지요? 예, 없습니다. 숨을 크게 쉬어보더니 이제 살 것 같습니다. 가슴의 답답함이 없습니다. 몸이 가볍습니다. 그래서 병은 가짜라는 것이다, 세상 어디에도 병(어둠)은 본래 없고, 건강(밝음)만 있다.

모두가 그렇다고 인정합니까? 예, 인정합니다. 인정만 하면 됩니다. 가족 모두가 근심 걱정 없는 밝은 표정으로 웃으며 병 없음을 굳게 믿고 합심할 수록 그 힘은 엄청나게 커진다. 그렇지만 어두운 표정 어두운 마음을 일으키면 밝음을 상쇄시킴으로 낭패를 본다.

다음날 공부는 현상계의 삼공(三空)이 없음과 모든 것은 실제 있는 것처럼 보이지만, 꿈에서 깨면 본 것은 환상처럼 지나가는 것이다. 그러므로 믿고 의지하고 애착을 가질 것은 아무것도 없다는 사실을 한 번 더 강조했다. 다음 날은 실상 세계의 있음과 참 '나'의 속성에 대해서 간략하게 공부하고 마쳤다.

최상수님은 수개월이 지난 후 건강한 몸으로 일본여행을 다녀왔다. 그래서 언제 어디서나 밝은 표정으로 어둠은 부정하고 밝음을 항상 긍정하며 나와 남을 위한 삶이 가장 아름다운 삶이라고 했다.

50. 심한 불화, 간절한 기도

• 박옥주 사례(71)

기본교육을 마치고 상담 공부를 하게 된 교사다. 매일 대하는 동료 교사와 심한 불화로 스트레스가 너무 쌓여 괴로워하고 있었다.

남편은 일은 많이 하는데 수금이 잘 안 되어 경제적으로도 어렵다고 했다.

두 가지 문제, 동료 교사와 심한 불화로 괴롭다는 것과 수금이 잘 안 되어 경제적 어려움이 있다는 문제는 얼핏 보면 별개인 것 같지만 답은 하나이다. 없는 어둠을 있다고 보는 데서 생긴 것이다.

오늘 공부는 어둠인 불화도 스트레스도 괴로움도 없다고 했는데 박옥주 님은 있다고 인정하므로 가짜로 있는 것이고, 있으니 괴로운 것이다.

현상세계의 모든 것은 허상이고 가짜이고 곧 없어지니 생각하지 말라고 해도 미운 동료와 15년이 넘도록 한 교무실에서 지내 왔기 때문인지, 눈앞에서 어른거리며 떠나지 않는다고 했다. 용서와 감사를 해봐도 마음이 안정되지 않아 기도가 안 된다고 했다. 그래서 내가 먼저 말을 하고 따라 했다. '나와 맞서는 사람은 나와 똑같은 사람이고 내 마음에 당신을 미워하는 마음이 있어서 미워한 것입니다. 이 미운 마음이 본래 없다는 것을 깨닫고, 이제는 미워하지 않겠습니다. 나를 용서해 주시고 사랑해주셔서 감사합니다. 나도 당신을 용서하고 사랑합니다. 우리는 조화(調和)하고 있습니다.'라고 수십 번을 거듭하고는 실감이 날 때까지 혼자 반복해서 하라고 했다. 20여분이 지나서는 미움이 약해집니다. 하여 더 계속하라고 했더니, '교수님! 이제 미움이 없어졌습니다. 그리고 조화도 됩니다.'라고 했다. 그래서 미움을 비롯한 어떤 어둠도 세상에는 없다고 한 번 더 강조하였다.

그리고 경제문제의 어려움은 하도급 공사를 하는 남편은 성실해서 주문은 잘 받아 일은 많이 하고 있지만, 수금이 잘 안 되어 돈을 떼이고 있어서 타격이 크다고 했다. 재료 살 돈도 미처 마련하지 못해서 매월 받는 봉급으로 지급하다 보니 생활비도 바닥이 나서 힘든다고 했다. 어떻게 하면 수금도 잘 되고 걱정 없이 살 수 있겠습니까? 수금이 잘 안 돼 걱정하면서 했던 기도는 어둠의 기도이므로 더욱 힘 든다.

세상에는 밝음만 있고 어둠은 없는데 없는 어둠을 있다고 인정해서 낭패가 난 것이다. 그래서 밝으므로 돌아서면 오온도 탐진치도 본래 없는 본성의 마음 바탕에서 일도 수금도 잘되고 있어 나는 이미 부유하다고, 지극 정성으로 기도하라고 했다.

일주일 만에 말한 내용이다.

오전에 공부하고 오후에 가까운 산을 오르면서 절박한 심정으로, 어둠은 없고 밝음만 있다고 굳게 믿으면서 실상관을 했습니다. 마음이 상쾌해지며 무언가 잘될 것 같은 예감이 들어, 산에서 내려와 바로 계좌를 확인해보았더니 약간의 돈이 입금돼 있었습니다. 이렇게 기쁠 수가 없었습니다.

'간절한 기도는 반드시 응답한다.'라고 체험을 통해서 깨달았기 때문에 자신 있게 말할 수 있습니다.

51. 녹내장, 당뇨

• 이은철 사례(72)

당뇨와 녹내장 말기로 고민하는 분이다. 앞이 흐리게 보이거나 통증이 있을 때 멈출 수 있는 마땅한 약이 없어 안약을 넣으며 견디고 있었다. 지방 대학병원에서 실명할 지도 모른다는 진단을 받고 너무 놀라 서울에 있는 유명한 안과인 S 병원을 찾았으나 진단 결과는 마찬가지였다.

녹내장이 좋아질 수 있을까요?

아침에 자고 일어나 4시간이 지나면 통증이 오는데 참기 힘든 아픔입니다. 하지만 병은 가짜이고 없다는 것을 깨달으면 바로 끝난다.

우리는 건강하고 병은 없는데, 없다는 것을 모르고, 본인이 병이라고 인정해서 있는 것이다. '눈이 흐리게 보이고 통증이 심한데 이것이 병이 아닙니까?' 아니다. 병이 아니고 주의하라는 경고등에 불이 들어온 것을 보고 놀라 병이라 한 것이다. 경고등은 어디까지나 경고등이고 병이 아니다. 그래서 병은 본래 없는 가짜라는 것이다. 왜 하필 나만 이렇게 고통을 받을까. 육체는 내 마음의 그림자인데 내 마음을 어떻게 써서 육체가 망가진 것일까? 보기 싫은 것 너무 많았구나! 마음이 보기 싫다 하니까, 몸은 마음이 의도하는 대로 해야 하므로 안 보이게 되는 것이다.

세상에는 밝음만 있고 어둠은 본래가 없다. 가짜는 생각도 말로도 하지 말고 진짜만 생각하고 말한다. 우리가 사는 이 현상세계는 마음먹은 대로 이루어지는 세상이다.

어둠에 속하는 것은 세상 어디에도 없는 가짜이다. 그러면 당뇨, 녹내장, 통증은 어디에 속할까? 어둠에 속하는 없는 것이다. 너의 마음에 확실하게 입력되었는가? 예, 입력했습니다. 녹내장의 통증과 당뇨는 내 마음에서 이미 사라졌다. 내 마음이 밝음으로 어둠은 이내 사라지고 새로운 어둠인 녹내장은 들어올 수 없기 때문이다. 확실히 없어졌지? 예, 없어졌습니다. 통증도 확실히 없어졌습니다. 마음도 편합니다. 마음이 편하다는 것은 이미 밝음에 들어와 있다는 것이며 어떤 병도, 악마도, 전쟁도, 천재지변의 재앙의 어둠도 나를 해칠 수 없다는 것이다. 그래서 늘 밝은 생각 밝은 말만을 한다. 인류가 밝게 산다면 여기가 바로 지상천국이 된다.

수업 둘째 날 기록이다.

첫날 수업하면서 눈에 통증이 없어지고, 그다음 날도 평소 같으면 자고 나서 4시간이 되면 통증이 오는데 현재까지 아픔이 없고 편안합니다.

그리고 첫날 수업을 받기 전까지는 전화해도 받지 않고 피하던 사람들이 오후부터는 먼저 전화를 해오고 만나자고 합니다. 두 달이 넘도록 통화 한번 제대로 못 하고 외롭게 지냈는데. 처음 공부하는 그날 오후부터는 전화기를 내려놓았다가 올려놓은 것처럼 전화가 오기 시작합니다. 이런 일은 우리 모두는 하나이기 때문에 일어난 것이다.

지금까지는 죽겠다고 하는 어두운 염파를 보내고 있었으니까 전화 받기를 싫어한 것이고, 이제는 살았다고 하는 밝은 염파가 전달되니 전화도 오고 만나자는 것이다. 이 신념이 클 수록 상대에 전달되는 힘도 크다. 죽겠다는 실망도 컸고, 살았다는 희망도 컸음을 보여 주고 있다. 그것은 '우리는 이처럼 남이 없는 하나'로 자타불이(自他不二)이므로 내 생각 하나하나가 빠짐없이 이 세상 어디라도 전해지는 좋은 체험과 어둠과 병은 세상 어디에도 없다는 체험을 깨달았다. 이 체험을 나와 남을 위해 나누면서 바르게 살면 생사(生死)가 없는 영원히 사는 공부를 하게 된다.

52. 황반변성

• 김정숙 사례(73)

눈 망막에 이상이 있다는 약사다. 9월 7일 아침에 왼쪽 눈에 진녹색의 보름달만 한 것이 번득여서 병원에 갔다. 병원에서 노인성 황반변성이란 진단을 받고 MRI 촬영까지 해보았으나 뇌에는 이상이 없고 시력은 0.4까지 떨어져 좌우 초점이 맞지 않아 약 조제 시 알약을 헤아리는데, 애를 먹는다고 했다. 그리고 서울 소재의 병원

검사 결과도 마찬가지였고 치료는 광역학 레이저뿐이라고 했다. 미국 시카고의 병원에서 진찰을 받은 결과는 기다리면 자연치유가 될 수도 있으니, 내년 1월까지 낫지 않으면 다시 오라고 했다.

미국까지 다녀오느라 신경을 많이 썼는데 이젠 낫기를 기다릴 필요가 없다. 어떤 병이든 병은 애초부터 없는 가짜라는 것을 깨달으면, 병은 바로 사라진다. 그렇지만 가짜가 아닌 실재라고 믿고 약을 먹어야 낫는다는 생각 속에서 생활하므로 여간해서 믿기가 어렵다. 그리고 낫기를 기다리는 것 또한 병이 있다는 것을 인정하는 것이니 가짜라고 해도 좀처럼 믿기가 어렵다. 그러니 시간이 걸리더라도 초조하지 말고 느긋해야 한다.

초조함 없이 느긋해지려면 병 없다는 것을 알아야 된다. 어둠(병) 없고 밝음(건강)만 있는 이 세상에 살면서 공부한 대로 현상계의 모든 것, 일시적으로 나타났다가 사라지는 가짜라는 사실을 깨달으면 된다. 병(어둠) 없고 건강(밝음)만 있음을 자연스럽게 알게 되며 건강한 삶으로 바뀐다. 믿고 할 수 있습니까? 예, 할 수 있습니다. 나는 어디에 있어야 하는가? 나는 밝음에 있어야 합니다. 거기에 병 있느냐? 병 없습니다.

참 나(진짜나)는 밝음이므로 어둠인 병은 들어올 수가 없다. 이제 건강만 있음을 알았으므로 초조함도 없고 느긋하다. 그리고 진짜 나는 무한한 지혜 능력 힘을 다 갖춘 완전한 자로 밝음인데, 가짜 나라고 하면 가짜 나가 따로 있는 것이 아니라 자기가 진짜인 줄을 모르는 것을 가짜 나라고 한다. 어둠은 참 '나'의 모든 것을 다 갖추고 있으면서도 알지 못하고 부족하고, 지혜가 없는 것이다. 내가 좋아진 사실을 나만 간직하고 숨기는 것은 어둠이므로 재발할 수도 있으니 모두와 공유하는 것이 밝음이다.

병은 어둠이므로 참 '나' 가까이 다가가면 사라지니까 내 마음만 밝아지면 어두운 병은 흔적도 없이 사라진다. 그런데 황반변성이 왜 나한테 왔을까요? 그것은 누구도 아닌 가짜 나 스스로 만든 작품으로, 어두운 내 마음이 황반변성을 만든 것이다.

오늘 공부한 내용을 실상관과 함께 꾸준히 음미해서 세상에는 어둠(황반변성) 없고 밝음만 있음을 확실히 깨닫고, 황반변성을 마음에 떠올리지 말라, 걱정되면 그때마다 밝은 얼굴로 건강한 내 몸을 상상하며 괜찮아. 건강해 자신 있게 말하라고 했다. 한 달이 지나서 황반변성 증상이 깨끗이 없어졌다고 했다. 병원검사에서도 정상이라고 하고 시력도 0.8로 회복되었다고 기뻐하며 감사했다.

53. 사업자의 자세

• 김은수 사례(74), 김은실 사례(75)

남편 김은수(74)는 사업 부진으로 힘들어하고 있었다.

아내 김은실(75)은 오른쪽 팔과 어깨가 매우 아프고. 왼쪽 갈비뼈 아래 손바닥 크기의 지방종이 있어 불편하다고 했다. 부부에게 말했다. 어디서 무엇을 하던 나를 바르게 알면 마음 편하게 잘 살수 있다. 진짜'나' 참 '나'를 먼저 깨달으라고 했다. 오늘 새벽같이 서둘러 오면서 바다, 강산, 들, 길을 보면서 여기까지 왔는데, 지금

이곳에는 오면서 본 것은 하나도 없고 단지 기억 속에만 남아있다. 그러나 나라고 하는 참 '나'는 집에 있던 나, 산천을 보면서 오던 나, 여기 앉아 있는 나는 단 한 번도 바뀌지 않고 그대로이다. 육체가 멸해도 수억 년의 세월이 흘러 지구가 없어져도 참 '나'는 영원히 변하지 않고 사는 전지전능한 신불(神佛)이다.

이 위대한 참 '나'의 본성의 마음은 어둠 없는 순수한 밝음으로 나와 남을 위해 밝게 살면 세상이 도와주므로 일이 잘 풀린다.

반면에 자신만을 위해 어둡게 살면 남의 도움을 전혀 받을 수 없으므로 하는 일이 잘 풀리지 않는다. 그래서 밝음에만 들어있으면 빠르고 늦은 차이가 있지만, 반드시 바라는 대로 이루어진다. 잘 사는 이치는 이렇게 쉽고 간단하다고 말하니 부부는 밝은 얼굴로 긍정을 했다.

사업을 시작한 지가 7년 정도 되었는데 판매가 어렵다고 했다. 사업이 잘되면 잘될 만한 이유가 있고 안될 때는 안될 만한 이유가 반드시 있다.

'사업하시는 분들의 마음가짐이 중요하지요. 단순히 돈을 벌기 위해서라기보다 만인에게 이익이 되는 사업이라면 사원 모두가 자부심을 가질 것이고 좋은 제품을 만들려고 더 노력할 것입니다.'

오늘 공부한 세상에는 어둠은 없고 밝음만 있는 참 '나'의 본성에서 모두가 밝은 마음으로 일에 임한다면 불량 없고, 사랑이 담긴 좋은 제품이 생산되어 소비자에게 사랑받을 것이다. 그리고 공장 전체가 사랑으로 넘쳐있으니 고객은 가벼운 마음으로 와서 거래할 것이다. 이제는 사업이 잘 안 된다. 안 풀린다. 라는 말과 생각은 어둠이므로 절대 떠올리지 말고, 나와 사원들의 마음부터 밝음으로 먼저 바꾸어 놓는 것이 가장 중요하다.

현실적으로는 그렇지 않더라도 괜찮아 잘된다. 잘되고 있어 하면서 크게 웃고, 여유 있고, 자신 있는 표정을 짓고, 잘되고 있는 광경을 마음에 그리며 자기 마음이 먼저 믿는 것이 기본이다.

그러나 이렇게 한다고 되겠나 의심하며 근심 걱정하면 밝은 기운이 일시에 싹 사라진다. 의심은 절대로 하지 말고 오직 밝음밖에 없으니 반드시 된다고 믿고 꾸준히 노력해야 한다. 그렇게 계속하면 말의 힘으로 조건도 환경도 좋아지면서, 일은 성사가 된다. 그리고 '모든 문제는 없는 것을 있다고 하는 데서 생기므로' 있는 것과 없는 것의 구분이 중요하다.

그래서 없는 어둠과 있는 밝음을 구분하고, 없는 것은 세상 어디에도 없고, 있는 것은 세상 어디에도 있다고 확신이 서야 하고, 이 확신이 설 때 공부는 크게 향상된다. 오늘 공부한 대로 문제를 풀어봅시다.

몸이 아프다는 것은 밝음인가? 어둠인가? 어둠입니다. 그럼 어둠을 사라지게 하자면 어떻게 하면 될까요? 내버려 두면 사라집니다.

병과 어둠은 실체가 없으므로 인정도 안 하고 마음에 떠올리지 않고 그냥 두면 저절로 사라집니다.

어둠 없고 밝음만 있으니 마음 편하지요? 예, 아주 편안합니다. 아픈 데 없지요? 없습니다. 그럼 이젠 완전합니다. 인정하세요?

예, 인정합니다. 그러면 완전합니다. 부부는 환희에 차 있었다.

김 사장이 수업을 두 번 받고 한 말이다. 저는 20년동안 종교를 믿어오면서 진리의 말씀을 들어서 알고 있습니다만 세상에는 어둠은 없고 밝음만 있다는 것과 참 '나'의 명확한 말씀을 듣고 너무나 가슴에 와 닿아서 새로운 삶을 사는 것 같습니다. 직원들이 달라진 저의 얼굴을 보고 좋은 일이 있느냐고 묻기도 합니다.

김은실 님은 '공부한 대로 어둠에 들지 않고 밝음에만 있었더니 마음이 아주 편하면서 심하게 아팠던 팔과 어깨가 어느새 다 나았습니다. 그리고 왼쪽 갈비뼈 밑에 손바닥만 한 지방종이 아주 작아졌습니다.' 라고 말했다. 앞으로 두 분은 오늘 공부를 되새기며 함께 꾸준히 노력하면 된다고 했다.

54. 당뇨

● 임상수 사례(76)

중학교 교장인 친구는 당뇨가 심하다고 했다. 친구에게 없는 가짜에 속고 있다고 하니까, 속은 것이 아니다. 당뇨가 진짜로 있다. 우기는 것은 속고 있는 증거이며 증거를 당장 보여 주겠다고 했다.

조용한 곳에서 만났다. 얼굴이 많이 상해있었다. 밤에는 잠을 잘 자지 못해서, 부족한 잠을 낮에 자느라 리듬이 흐트러져 생활이 말이 아니라고 했다. 주사도 맞고 약도 먹고 있지만, 근본치료가 안 되는 것이었다. 이 시간이 지나면 당뇨는 사라지고 없다고 큰 소리쳤다.

당뇨는 병이 아니고 가짜다. 주의하라는 경고등이지. 진짜로 병이 있다면 진짜 병을 누가 만들었을까? 하나님의 창조뿐이라고 친구(교회 장로)는 말했다. 하나님이 창조하셨다면 누구도 고칠 수 없고, 손도 대서는 안 된다. 하나님은 전지 전능자이므로 부족한 것 없는데 왜 사랑하는 독생자에게 병을 만들어 주고 고생시키는 것은 절대 있을 수 없는 일이다. 어떤 병도 성신께서 만드시지 않았다.

세상에는 병(어둠) 없고 건강(밝음)만 있다. 이 자리가 우리의 본성 자리로 항상 밝음(건강)만 있다. 그래서 병이란 모두가 가짜이고 본래부터 없다는 것이다. 그러면 당뇨라는 이 가짜 병을 누가 만들었는가? 내 마음이 미혹해서 스스로 만든 것이다. 남들보다 스트레스, 두려움이 많은 것도 하나의 원인이 될 수도 있다. 그렇지만 내 마음이 당뇨는 가짜이고 없는 것이라고 알면 마음에서 떠났기 때문에, 병은 어디에도 있을 수 없다.

친구는 혼자 말로 '성신이 창조하시지 않았다. 그러니 가짜다. 없는 것이다.'라고 머리를 끄덕이며 긍정을 했다. 그래서 당뇨는 이미 사라졌다. 얼굴에서는 생기가 돌고 밝아 보인다. 마음은 편한가? 계속 머리를 끄덕이며 인정을 했다. 당뇨는 본래 없는 가짜에 속았다는 것을 이제 알겠는가? 미소를 지으며 긍정했다.

2주 정도가 지나, 당뇨가 완전히 사라졌다는 전화를 받았다. 그리고 자기 마음속에는 병은 성신이 창조하시지 않았으니 없는 가짜라는 생각뿐이라 했다. 그래서 어둠 없고 밝음만 있는 이 세상에 살면서 나와 남을 위해 사는 것이 가장 아름다운 삶이라고 말했다.

• 이상필 사례(77)

사업을 하는 분인데 기본교육을 마치고 상담 공부를 하게 되었다. 눈이 점점 흐리고, 당뇨로 인해 망막 수술도 받았으나 좋아지지 않고, 사업도 힘이 든다고 했다.

약을 먹고 있는데도 평소에 당 수치가 300~400으로 올라가므로 신경을 많이 쓰고 있었다.

늘 같은 말을 하지만 당뇨는 병이 아닌 가짜이고 없는 것이다. 가짜인 병을 진짜 병인 줄 알고 속아서 고생을 많이 하였네요! '당뇨라는 병이 가짜인 줄 깨달으면 당뇨는 당장 사라집니다.'

그러므로 가짜이고 없다는 것을 이론이 아닌 실제로 느끼고 깨닫는 것이 가장 중요하다. 수치가 올라가 식사도 마음대로 못해 온몸이 느끼고 있는데, 없는 것이고 가짜라고 하면 처음에는 믿기가 어렵다. 오늘 공부한 세상에는 어둠 없고 밝음만 있는데, 밝은 마음이 없으니까 없는 어둠인 당뇨가 생긴 것이라는 이 사실을 믿는다면 깨달을 수 있지요. 믿을 수 있느냐?

예, 있습니다. 그럼 자신 있게 큰소리로 선언해 본다. '나는 믿을 수 있고 깨달을 수 있다. 병은 가짜다. 본래 없다.' 내 몸을 믿고 느끼면서 자신 있게 말했지요. 예, 그렇게 했습니다. 하지만 믿지 않고 가짜인 병을 진짜 병이라고 인정하고 노심초사하고 있으면 병을 키울 뿐이다. 거기에다 사업도 부진하다. 먹고 살기가 힘이 든다. 이런 말은 모두가 어둠이므로 생각해서도, 말로 해서도 안 되는데 생각과 말로 키웠다. 이 세상은 말하는 데로, 바라는 데로 이루어지는 세상이므로 내가 어둠을 말하면 그대로 일이 풀리지 않고 꼬일 뿐이다.

없는 어둠은 입도 뻥긋하지 말고 세상에는 어둠 없고 밝음만 있으므로 밝음만 생각하고 밝음만 말하자는 것이다. 그리고 두 번의 수업을 받고 세 번째 날에 말하기를, '평소에는 약을 먹는데도 수치가 300~400까지 올라갔었는데 수업 첫날 공부를 하고 다음 날 재어 보니 160으로 내려갔습니다.'

'두 번째 수업을 받은 후 점심을 먹으면서 끊었던 소주도 한잔 마시고 싱겁게 먹던 음식도 종전에 먹던 대로 짜게 먹어보았습니다. 그러나 수치는 종전처럼 높게 오르지 않고 190까지만 올라서 안도하고 있습니다.'

공부가 완전히 뿌리가 내릴 때까지는 어둠에는 절대로 들어가지 말고 밝음에만 있어야 합니다. 예, 밝음에만 있겠습니다. 해롭다는 것을 반드시 멀리하고 늘 밝음에 들어있어야 한다고 강조했다.

• 정애경 사례(78)

기본교육을 마치고 상담 공부를 하게 된 의류업을 하는 분이다. 2~3개월 전에 내분비로 인한 급성 당뇨가 와서 약을 먹고 있지만, 효과를 보지 못해 심한 고통을 받는다고 했다. 아픈 고통이 있으니 빨리 벗어나고 싶다. 아픔이 없다는 진리를 알려고 열심히 공부하겠다. 이런 뜻에서 보니 세상에는 좋은 것밖에 없다.

당뇨는 가짜다. 어떤 병도 본래 없는 가짜다. 통증도 없는 가짜이다. 어둠(병, 실패, 증오 등)에 속한 것은 본래가 없다. 세상에는 밝음(건강, 성공, 사랑 등)에 속한 것만 있다. 이 진리를 먼저 깨달아야 한다. 어둠은 왜 없고 밝음만 있다고 하는지를 알아보자.

우리는 밤낮이 있다고 알지만, 밤은 영원히 변하지 않는 본체인 실체가 없고 낮(빛)만 실체가 있고 본래의 성질인 자성이 있다. 해가 지면 어두워지고 해가 뜨면 밝아지니 빛(해)없는 것이 어둠인데, 빛이 나타나면 어둠은 바로 사라질 수밖에 없다.

그래서 어둠은 없다고 하고 어둠인 병도 없다고 하는 것이다. '가짜인 줄 알았다면 병이라고 인정해서는 절대 안 됩니다.'

물고기가 미끼에 포장된 낚싯바늘을 물 때 먹잇감이라고 물었지만, 먹잇감에 속은 것을 알면 놓으려고 사력을 다한다. 놓기만 하면 살 수 있는 것처럼 인간도 당뇨가 진짜 병으로 알고 인정해버렸다. 하지만 가짜에 속은 것이지 병이 아니었구나! 가짜였구나! 하고 깨달으면 당뇨는 더는 내 마음에 있을 곳이 없어진다. 그래서 당뇨는 이미 사라졌다고 한다.

병이 가짜라는 것이 이해가 됩니까? 예, 확실히 알 수 있습니다. 현상세계와 실상세계도 확실히 구분되고 현상세계는 가상(假相)의 세계로 오래 가지 못하고 사라지는 세계다.

영원히 존재하는 세계, 실상(實相) 세계의 참 '나'를 깨닫는 것이 가장 소중하므로 먼저 깨달아 항상 밝음에 있어야 한다.

수업 둘째 주에 참석하여 말하기를 그 동안 급성 당뇨 진단을 받고 약을 계속 먹고 있었지만 심한 통증은 가라앉지 않고 아팠었다.

그런데 수업 첫날부터 통증이 많이 약해지면서 마음도 편해졌습니다. 다음날부터는 하루가 다르게 몸이 가벼워지고 얼굴에도 생기가 돌았다.

수십 년을 절에 다니며 나름대로 공부했으나 진전이 없었다. 공부할 수 있는 좋은 분 만나 뵙기를 원했었는데 소원이 이루어졌다고 감사했다.

55. 게임중독

• 장종국 사례(79)

기본교육을 마치고 상담 공부를 하게 된 학원 버스 기사님이다. 정신 수양을 하고 싶다고 했다.

'저는 오락게임(바다 이야기)에 빠져서 운전 시간만 끝나면 곧 바로 게임방으로 달려가 시간 가는 줄도 모르고 밤늦도록 게임을 했습니다. 그로 인해 생활이 제대로 되지 않고, 건강도 나빠져서 늘 불안하고 초조했습니다.' 게임방에 가지 않으려 갖은 애를 다 써보았지만, 눈에는 다른 것은 보이지 않고 게임기만 보일 만큼 중독되어 제 의지로는 그만 둘 수가 없다고 했다.

오늘 진짜 나는 죽지 않고 영원히 사는 전지 전능자이고 세상에는 밝음만 있고 좋은 일만 있는데. 하필 어두운 길로 들어가서 불안해하고 괴로워했구나! 이제 확실히 알았습니다. 장종국 님은 오늘 공부가 머리에 쉽게 들어와서 쌓여있는 것 같다고 했다. 또 밝은 길만 있고 어두운 길은 본래가 없는데 없는 어두운 길로 들어가서 고생을 하고 있었구나! 이것이 저의 큰 깨달음입니다.

한번 깨달았으니 이제는 밝은 길로만 가야한다.

저의 마음은 이미 밝음으로 차 있어서 어두운 길로는 가라고 해도 갈 수가 없습니다. 왜 갈 수 없을까요? '내 마음 밝아서 어둠은 내 마음에 들어올 수 없기 때문입니다.'

마음도 아주 편합니다. 몸도 마음도 가벼워진 것 같습니다. 첫날 오전 수업을 하고 오후부터 당장 게임방에는 발을 딱 끊었다고 했다. 그리고 수개월이 지난 뒤에 바다 이야기를 했더니 생각하기도 싫다며 고개를 흔들었다. 어린이가 핸드폰 게임기에 빠져 있을 때는 게임기 사용을 자제하도록 설득해야 할 어머니의 역할이 매우 중요하므로 두 가지를 제시한다.

1) 앞 사례(30, 31, 32)에서 세상에는 어둠 없고 밝음만 있음을 어머니가 깨닫고 천사를 보지 못했다고 크게 참회했을 때 어머니의 사랑이 아이에게 그대로 전달되어 반항적인 아이가 천사로 바뀐 것을 볼 수 있었다.

2) 부모님은 화목하게 지내면서 '자신의 부모(조부모)에게 순종하고 효도하는 삶을 살아왔는가?' 하는 것이 참으로 중요하다. 어린이는 이 사실을 훤히 알고 있으므로 아는 대로 따라 하기 마련이다.

그래서 예로부터 부모와 자식은 하나라 하여, 자식을 보면 부모를 알고 부모를 보면 자식을 안다고 했다.

핸드폰 게임기에 자식이 중독되어 있다면 어머니는 먼저 자기를 되돌아보고 나는 부모님께 순종하지 못했으면서 너(자식)에게 순종하라고 강요했구나! 정말 미안하다. 지금 너는 내 어릴 때 모습을 그대로 보여주며 나를 깨닫게 하는구나! 정말 고맙다고 '진심으로 참회할 때 자식은 어머니의 깊은 사랑을 바로 느끼고 스스로 반성하면서 자연스럽게 부모를 따르게 된다.'

내 자식이란 권위로 핸드폰을 빼앗는다면 어린이는 즉각 반항하게 되고 어머니는 자식을 말 안 듣는 문제아로 만들어 가정에 어둠만 키워서 낭패를 본다.

56. 다리에 감각이 없다

● 이기숙 사례(80)

기본교육을 마치고 상담 공부를 하게 된 건설업을 하는 분이다. '지난 7~8년간 원인도 모르게 왼쪽 다리에 감각이 없습니다. 몇 달 전에 사업 실패, 가정파탄, 중학생 아들이 새어머니를 비롯한 가족과 적응이 안 돼 힘들어 하고 있습니다.'

'오랫동안 다리에 감각이 없어 원인을 찾으려고 유명하다는 전국병원을 다 가보았으나 원인을 찾지 못하고 지금도 대학병원 신경과에서 검사를 받고 있습니다. 아직 원인을 몰라 이틀 뒤에는 초음파 검사, 4일 뒤에는 대장내시경 검사 예약이 되어 있습니다.'

7~8년 동안 다리에 감각이 없고 더 악화하지는 않을까? 빨리 좋아져야 하는데 하는 초조하고 어두운 걱정이 가족 모두에게 은연중에 심어졌으며, 어두운 마음은 어두운 일을 만들어 사업 실패, 가정파탄으로 이어질 수도 있다.

이제부터는 가정의 어두운 마음을 빨리 벗어나야 한다. 방금 어둠(병)은 가짜이고 없는 것이다. 없는 것은 세상 어디에도 없는데, 있다고 하는 데서 문제가 생겨 낭패가 난 것이다. 다시 말해 어둠은 없는데 어둠이 있다고, 어두운 환경을 내가 만들었으니 어둠 속에서 힘들게 살 수밖에 없다.

세상에는 어둠 없고, 밝음만 있으므로 어두운 생각 어두운 말은 일절 하지 말고, 밝은 생각, 밝은 말만을 해야 한다. 밝은 생각과 말로 다리는 감각이 있다. 이미 감각은 돌아왔다. 나는 건강하다. 자식들도 아버지는 건강하다. 사업은 나날이 번창하고 있다. 모든 것이 다 잘되고 있다. 괜찮아하며 건강한 모습, 사업이 번창하는 생각, 가정의 밝은 모습을 그리면서 말하면 더욱 효과적이다. 가족이 합심해서 하면 효과는 더욱 커진다.

어떤 병도 본래 없는 가짜다, 본래 없는 가짜 병이 왜 나에게 나타났는가?라고 하면 내 마음이 어두우니 어둠을 내가 불러들인 것이다. 그러니 조금도 다른 누구의 탓이 아니고 바로 내가 만들었구나! 하고 확실히 깨달았다면 내 마음은 늘 밝아야 한다. 예, 크게 깨달았습니다.

그러면 밝은 생각, 밝은 말이 내 입에서 자연스럽게 나오게 된다.

나는 무한한 지혜, 무한한 능력, 무한한 힘을 다 지닌 완전한 자로서 어떤 일도 잘할 수 있다고 마음 깊이 새겨야한다. 고개를 끄덕이며 계속 수긍을 한다. 그리고 나와 남을 위한 일에 마음을 내며 진리를 알고 생각하는 강한 힘은 좀처럼 어둠이 들어올 수 없게 한다. 늘 밝음에 있게 되니 마음이 편하면서 바라는 것이 이루어진다.

이기숙 님! 지금 앉아 있는 모습이 편해 보입니다. 예, 아주 편합니다. 세상에는 병은 없고 건강만 있다는 밝음에 들어 있어 내 마음이 편해지면 다리의 감각도 돌아온다. 다리는 정상이다.

확인하려고 하지 마세요. 확인하려는 마음은 믿는 마음이 부족한 마음이다. 자연히 알게 된다. 모두의 얼굴이 긴장하면서도 밝아 보였다.

수업 4일째 날에는 '다리 감각이 이제 돌아왔습니다. 전과 같이 건강합니다. 3일 후에 받기로 한 대장내시경 검사, 초음파 검사도 취소했습니다. 건강이 좋아져서 일할 의욕이 솟아납니다. 무엇보다 우리 가정이 밝아져 매우 기쁩니다.' 모두는 합장했다.

57. 중학생 아들이 밝아졌다

● 이완구 사례(81)

새로운 가정에 적응하기가 힘들었던 중학생 아들이 첫날 수업 받은 오후부터 어둡지 않고 그전처럼 밝아져 우리 가족은 즐거운 마음으로 생활하고 있습니다. 감사합니다.

58. 초등학생의 비염과 심한 아토피

● 정진규 사례(82)

초등학생의 어머니와 상담한 내용이다.

'진규가 평소에 감기에 잘 걸리고, 어지럽고, 배와 머리가 자주 아프다고 했습니다. 그리고 비염 아토피도 심합니다. 건강이 안 좋아서인지 매사에 자신감이 없었는데, 어제 공부가 아주 좋았습니다.'

수업 다음 날 어느새 비염이 사라졌고 심한 아토피도 좋아지고 있었다. 머리와 배 아픈 것도 많이 좋아졌다고 아이는 기뻐했다. 그런데 치과에 가기를 무서워하며 가지 않으려고 했다. 잇몸에 마취 주사도, 드릴로 치아를 가는 것이 싫다는 것이다. 어떻게 해야 합니까?

나의 체험을 말해주는 것이 좋을듯하다. 내 치아를 잘 해 주려는 고마운 선생님이다. 치료에 절대로 잘못되는 일은 없다. 선생님과 나는 조화를 이루고 있다. 선생님을 믿고 모든 일을 맡기고 두려움 없이 감사하면 드릴로 치아를 가는 소리가 전혀 두렵지 않고 멀리서 마치 매미가 우는 듯한 조그마한 소리로 편안하게 들리고, 마취와 이를 뽑는 일도 쉬워 보이며, 빨리 끝나는 것을 느꼈다. 참고했으면 한다.

59. 갑상선

• 임명수 사례(83)

기본교육과 상담 공부를 하게 된 주부로서 목에 생긴 갑상선으로 힘들어했다.

'약을 계속 먹으니 식욕도 떨어지고 기운이 없습니다. 움직이기도 싫습니다.' 오늘 한 번으로 끝낼 수 있다. 갑상선이란 병이 아니고 스트레스가 쌓여 나타난 덩어리로, 이 덩어리 속에는 나는 옳고 남은 그르다는 잘못된 생각뿐이어서 남과는 대화도, 용서도, 화해도 잘 안 된다. 이 덩어리를 어떻게 하면 사라지겠습니까? 라고 질문하여 그 정체를 폭로시키면 된다고 말했다.

부부간에 심한 갈등으로 생긴 갑상선 덩어리가 증거물이라면 그 증거물은 버려야 할 위험한 어둠임을 알고 스스로 버려야 한다.

세상에는 어둠은 없고, 밝음만 있는데 없는 어둠을 무지해서 있다고 인정하여 어둠의 증거물로 만들어 놓았으니, 가정이 편안할 날이 없다.

초조한 마음, 불안한 마음, 다투는 마음은 어두운 마음이므로 어두운 일만 불러들이므로 잘되기를 바랄 수도 없고, 하는 일이 잘 풀리지도 않는다. 그래서 가정은 늘 불안하고 초조해서 하는 일마다 꼬이고, 잘 살아갈 수가 없는 어두운 가정으로 전락하는 것이다.

밑바닥 삶으로 추락하고 나서 이렇게 살아서는 안 되겠구나! 무엇이 잘못되었는가? 하고 지혜 있는 사람은 알아차리기 시작한다.

상대의 밝음은 보지도 않고서 어둠만을 찾아 진짜라고 믿고 소리쳤구나! 잘못하였다. 하고 크게 깨달았을 때 갑상선은 저절로 사라지며, 어두웠던 가정 분위기는 명랑한 가정으로 돌아올 수 있다.

이런 일들은 어느 가정에서도 일어날 수 있다. 부부간의 갈등으로 생긴 감정의 덩어리, 즉 나는 지지 않고 당신을 이기겠다는 마음의 감정, 무시당하는 마음의 감정 덩어리도 어둠이므로 이런 감정을 가지게 되면, 가정의 분위기는 싸늘해질 것이고 행복은 멀어진다. 사소한 일도 바라는 대로 되지 않는다. 그러므로 화해로 풀어야 하는데 한쪽의 주장이 너무 강하면 화해가 잘 안 된다. 가장 좋은 화해방법으로는 상대의 어둠(결점)을 보지 말고 밝음(장점)만을 볼 수가 있도록 한다면 감정의 덩어리는 이내 없어진다.

두 사람이 함께 안 되면 어느 한쪽이라도 먼저 없는 어둠을 들추어내려고도 하지 말고, 보지도 말며, 오직 있는 밝음만을 꾸준히 보고 있으면, 상대도 어느 새 따라와 화해되고 행복한 가정으로 변한다. 하지만 화해가 안 되는 사람은 없는 것과 있는 것을 구분하는 지혜가 없으므로, 어둠이 있다고 믿으며 평생을 산다.

오직 밝음만 있다고 믿는 지혜로운 사람은 평생을 밝음만을 보며 행복하게 살아간다. 어느새 두 사람 얼굴이 밝아 보였다. 마음이 편하죠? 예, 편합니다. 어둠 없고, 병 없다는 것, 밝음만 있고, 건강만 있다는 것이 오늘 공부의 핵심이니 확실히 깨달아야 한다. 예, 깨달았습니다.

갑상선은 이미 사라졌다. 임명수 님의 얼굴은 아주 밝으며 생기가 돌고 있었다. 그리고 어둠 없고 밝음만 있다. 나는 건강하다. 수없이 반복하여 나의 의식 속에 완전히 입력시켜 놓아야 한다. 노력하겠습니다.

부군께서도 함께 공부하면 더욱 좋겠습니다.

60. 심한 자궁근종

● 윤을주 사례(84)

기본교육과 상담 공부를 함께 하게 된 주부다. 자궁근종으로 힘들어 하고, 기미 주근깨가 얼굴 전체를 덮고 있어 밖을 나가지도 못했다. 자궁근종은 수술로 치료할 수도 있지만 부위가 너무 커 힘들겠다는 말을 듣고 혹시나 암이 아닌가! 의심했다는 것이다.

그래서 한번 웃어 보이며 큰 병이라고 걱정할 필요가 전혀 없다. 세상에는 병과 같이 어둠에 속하는 것은 아무것도 없다.

자궁근종이든 암이든 병은 다 가짜이고 없는 것이므로 없구나! 하고 확실히 믿기만 하면 없어진다. 하지만 생소한 말이라 믿기가 어렵겠지만 병이 아니라고, 가짜라고 굳게 믿으면 된다.

병이라는 어둠은 화내고, 슬퍼하고, 근심 걱정하며, 싫어하고, 절망하는 형태로, 늘 함께 따라다녀 병에게 좋은 먹이가 되어, 병이라고 인정하는 그 순간부터 자라기 시작하므로 급속하게 악화된다. 그래서 어둠을 생각으로도, 말로도 하지 말라는 것이다.

그 대신 세상에는 밝음만 있으므로 사랑하고, 기뻐하고, 좋아하며, 희망, 건강, 감사와 같은 밝음만 노래 부르고 있으면, 밝음은 더욱 밝아지고 강해지므로 어둠은 얼씬도 할 수 없다. 그래서 우리 마음은 늘 밝음에 있어야 한다. 내 마음이 청정(淸淨; 맑고, 깨끗함)하고 밝을수록 어둠은 있을 곳이 없다.

배가 이렇게 부어 있어도 이것은 주의하라는 경고등일 뿐, 병이 아니라고 단정하면, 가짜인 병은 내 마음이 받아드리지 않으므로, 내 마음 안에 있을 곳이 없어 사라질 수밖에 도리가 없다. 지금까지는 내 마음이 너무 어두웠으니 이제부터는 밝게 웃어야 한다. 함께 웃어봅니다. 하하하, 병은 가짜였구나! 하하하, 병은 없는 것이었어!

하하하, 가짜에 된통 속았구나! 하하하, 깨닫고 보니 마음이 이렇게 편하구나! 하하하, 내 마음이 정말로 즐겁구나! 하하하, 내 몸은 완전하다. 하하하, 이렇게 웃다 보면 웃음이 자연스럽게 나온다.

부군께서도 함께 노력하며 풀어나가야 한다. 밝은 것만 생각하고, 말하고, 웃어주면 어두운 것은 절대로 들어올 수 없어 만사형통이 된다.

하지만 잘못하여 내 마음이 어두워지면 지금까지 좋게 하려고 애쓴 일이 모두 허사가 되어버린다.

공부를 끝내고 2주 후에 만나 보니 몰라볼 정도로 얼굴은 밝고 생기가 돌며 기미 주근깨도 아주 엷어졌다. '몸은 가벼워지고 힘이 납니다. 배가 불러서 힘이 들었는데 그 부담도 없어졌습니다.' 앞으로도 언제나 마음을 밝게 하고 공부한 그대로 따르고 수행하며 나와 같이 고통받고 있는 사람에게 병은 본래 없는 가짜라는 것을 전해 줄 것을 당부했다.

61. 몸의 상체가 굳어지고 있다

• 서수교 사례(85)

기본교육과 상담 공부를 함께 하게 된 주부로서 원인 모르게 몸의 상체가 굳어지고 있어 괴로워하고 있었다. '눈으로 봐서는 몸에는 전혀 이상이 없습니다. 그래서 아프다고 하면 모두 믿지를 않아 오해를 받고 있습니다. 그렇지만 살짝 부딪쳐도 매우 아픕니다. 혹시나 몸 전체로 퍼져나가지나 않을까 염려하고 있습니다.'

몸이 굳어지고 있다는 것을 어떻게 압니까? 가볍게 접촉을 해도 심하게 아프니까 그 느낌으로 압니다.

- 병의 원인을 알든 모르든 상관없이 모든 병은 어둠이고 가짜이고 없다는 이 진리를 깨달으면 병은 바로 사라질 수 있다.

- 세상에는 어둠 없고 밝음만 있다는 즉 질병 없고 건강만 있다는 이 진리를 깨달으면 모든 병은 순식간에 사라진다.

- 현상계의 모든 것은 허상이므로 오래 버티지 못하고 이내 사라진다는 진리를 깨달으면 모든 병은 자취도 없이 사라질 수 있다.

- 영원히 변하지 않는 진짜 나를 깨달으면 모든 병, 어둠은 있을 곳이 없어 사라진다.

- 실체가 없는 어둠은 밝음을 만나면 꼼짝없이 사라지므로, 내 마음이 밝아지면 어둠인 병은 흔적도 없이 사라진다.

위의 다섯 가지 진리를 당장은 깨닫지 못해도 어둠은 밝음만 나타나면 찰나에 사라지는 쉬운 이 진리를 먼저 실천해 봅시다.

몸이 굳어진다는 것은 지금까지 내 마음이 너무 차갑고 어두웠기 때문에 탈이 난 것이다. 그래서 굳어지는 몸을 정상으로 회복하려면 내 마음을 밝고 따뜻하게 해야 한다.

내 마음을 밝게 하자면 어두운 생각, 어두운 말을 일절 하지 말고 밝은 생각, 밝은 말만을 부드럽고 상냥하게 한다. 또 내가 웃으면 얼굴만 웃는 것이 아니라 몸의 전 세포를 웃도록 해 주는 즐거운 웃음이 있다. 웃고 또 웃어야 한다. 웃음은 가정의 분위기와 이웃의 분위기까지도 밝게 한다. 그럼 위의 두 가지를 당장 실천할 수 있지요? 예, 할 수 있습니다.

밝은 생각 밝은 말만을 하고 어두운 생각 어두운 말은 하지 않는다. 어둠과 밝음에 속하는 것을 쉽게 구별할 수 있다. 웃을 일이 없을 때는 웃을 일을 만들어서라도 웃어야 한다. 6일 만에 밝은 얼굴로 와서 말하기를 '언제부터 좋아졌는지도 모르는 사이 정상으로 회복되었습니다.' 참으로 좋은 체험을 하였다고 칭찬을 했다. 몸이 좋아졌다고 끝내지 말고 나의 체험을 잘 살려 나처럼 힘들었던 사람들에게 반드시 나누라고 했다.

4-5 파킨슨, 간염, 담배 골초, 향기

62. 파킨슨

• 이태우 사례(86)

거동이 아주 불편하여 복도 난간을 잡고서 간신히 올라온 파킨슨을 앓는 칠십 중반의 노인이다. 꼭 풀어야 할 질문이 있다고 했다.

'제가 거처하는 방에 나도 모르는 몇 사람이 들어와 있어 아주 불쾌합니다.' 말을 안 듣지요? 예. '말을 들을 생각을 전혀 안 합니다. 저의 누님도 돌아가시기 전까지 그들을 쫓아내지 못해 결국 돌아가셨습니다. 그래서 쫓아내려고 목침을 던지며 사탄아 물러가라 하고 야단을 치면 그때는 흔적도 없이 사라졌다가 조용하면 또 나타납니다.'

'쫓아내는 것이 아니라. 사탄이 있다는 것을 인정 안 하면 그냥 사라집니다.' 세상에는 어둠은 없는데 없는 어둠을 있다고 인정하는 데서 온갖 문제가 생기고 낭패를 보고 때로는 곤욕을 치르게 된다.

사탄이 없는데 사탄이 있다고 인정하고 부르고 가라고 하고, 불러놓고는 또 가라고 하는 것은 다람쥐가 쳇바퀴 도는 식이며 그렇게 해서는 안 된다.

어둠 없고 밝음만 있다는 이 진리를 먼저 믿고 그대로 따라 하면 밝음만 있다는 사실을 쉽게 알 수 있다. 알고 믿으려 하면, 아는데 너무 많은 시간이 걸린다. 이해하기 힘들어도 먼저 믿고 하는 것이 순서이다. '밝음만 있고 어둠은 본래 없다고 먼저 믿고 인정하겠습니다.'

없는 것이 확실한데 물러가라고 외친다면 아주 웃기는 일이다. 어디에도 없다고 알았으니 없는 가짜가 어떤 모양으로 나타나더라도 두려워 할 필요도 없고 쫓아내려고 할 필요도 없고 관심을 가질 일도 아니니 그냥 내버려 두면 없어지므로 태연하게 있으면 된다.

인정도 못 받고, 관심도 안 가져주고, 무시하니 여기에는 있을 수가 없구나 하며 사라진다. 하지만 여기서 사라진다고 하면 다른 무엇인가가 있어서 사라지는 것은 아니다. 내 마음 스스로 사탄을 인정하지 않고 관심을 가지지 않으므로 내 마음에서 자연스럽게 사탄이 사라진 것을 말한다. 그러니 내 마음에 없는 것은 나타날 수 없고 그 어떤 것도 나를 괴롭힐 수 없다. 남의 탓으로 돌릴 것은 하나도 없다. 이 쉬운 사실을 확실히 깨달았다면 두려워할 것은 아무 것도 없다. 그렇지 않다면 깨달을 때까지 두려워할 수밖에 없다.

예, 그 뜻을 확실히 알겠습니다.

알았다면 사탄을 내 마음에서 깨끗하게 지워야 한다. 사탄을 생각으로도 말로도 하지 않으며 인정하지 않고 관심마저 가지지 않으면 사탄은 저절로 사라져 버린다. 이것이 내 마음에서 사탄을 지우는 유일한 방법이다. 일주일 만에 와서는 사탄이 없어졌다고 좋아했다. 하지만 방안에는 없는데 창밖에서 방안을 들여다보고 있다는 것이다. 그것은 사탄에 대한 선생님의 미련이 아직 마음에 남아있기 때문이니 미련 없이 내 마음에서 버리라고 했다.

선생님은 오랫동안 사탄이 있다고 인정하며 살아온 업의 힘의 영향을 받으므로 미련 없이 떨쳐 버리기가 쉽지는 않겠지만 걱정할 일은 아니다. 내 마음이 사탄을 인정하지 않고 어둡지 않고 밝아 있다면 사탄은 어디에도 없다.

2주 만에 와서는 '창밖에서 방안을 들여다보던 사탄이 이번에는 창문을 등지고 밖을 보고 서 있습니다.' 그러면 이제 떠나고 있다. 떠난다는 것은 선생님의 마음에서 사탄이 완전히 사라지는 것을 말하는 것이므로 사탄은 끝났다.

'마음이 아주 편하고 신비스럽습니다. 없는 어둠을 있다고 해서 이렇게 고통을 받았구나! 절실히 느껴집니다.'

이번에는 사탄이 사라진 이 신비스러운 체험을 파킨슨에 적용해 본다.

파킨슨을 중증으로 앓고 있다는 것은, 내 마음속에는 밝은 생각보다 어두운 생각으로 꽉 차 있으므로 생긴 것이니, 밝음으로 꽉 채우면 더는 버틸 수 없다는 쉬운 이치다.

파킨슨에 그대로 적용해 봅시다.

파킨슨을 나 스스로 병이라고 인정한 어둠, 걱정하고 근심하는 이런 어둠을 생각하지 말고 밝음만을 생각하면 쉽게 해결할 수 있다. 문제는 가족 간에 불화로 어둠이 있다면 가족 모두가 합심해서 풀어야 하므로 여간 어려운 일이 아니다. 더구나 오랫동안 반목해 왔다면 간단하지가 않다. 아무리 힘들고 어렵더라도 꼭 풀어 가정을 밝게 해야 나와 가족이 좋아진다. 명심하고 노력하겠습니다.

그리고 2주 후에는 많이 좋아져 왔다.

'어지러움도 없습니다. 걷기가 훨씬 수월합니다. 하지만 가족 간 불화의 어둠은 어떻게 풀어나가야 할지 길이 안 보입니다.'

가족의 불화도 남과의 불화도 원한도 모두가 지금 해결할 수 없는 어둠이라면, 이 어둠을 생각하지 말고 나 혼자라도 밝음에 들어가서 모두를 천사로 밝게 보아야 한다.

힘이 들어도 그렇게 해야 합니다. 예, 노력하겠습니다하고 다짐은 하였으나, 더 진전이 없는 것을 보면 그 상태에서 머무는 것 같아 이 긴요한 기회를 놓친 것이 안타까웠다.

63. 동자승

• 문수진 사례(87)

기본교육을 마치고 상담 공부하게 된 주부이다. 몸은 건강한데 어떤 공부를 하는지 알고 싶다고 해서 어둠에 속한 것은 본래부터 없는 가짜이고, 오직 존재하는 것은 밝음에 속한 것만 있다고 설명해 주었다.

이런 간단한 진리를 알지 못해 '없는 것을 있다고 하고, 있는 것은 없다고 하는 데서 모든 문제가 생겨나고, 없는 고통을 받게 된다.' 그리고 영원히 변치 않는 참 '나' 전지전능한 참 '나'를 깨닫게 되면 현상계와 실상계를 구분할 수 있어서 있는 것과 없는 것을 더욱 뚜렷하게 알 수 있으며 우리의 삶이 크게 달라지는 공부를 하고 있다.

쉽지는 않겠지만 꾸준히 하면 깨닫게 된다. 모두 눈을 감으시고 공부한 내용을 마음에 입력하면서, 7분간 명상을 했다.

문수진 님이 명상을 마친 후, 명상 중에 일어난 현상을 말했다.

'명상하는 중에 동자승이 나타나서 천진난만하게 활짝 웃는 밝은 모습이 너무나 귀엽고 아름다워 안으려 하다가 아니다. 선생님인데 하면서 정신을 차리기를 몇 차례 거듭했습니다. 이런 일은 처음입니다.' 문수진님은 누구를 믿으세요? 문수보살을 믿습니다.

강원도 상원사는 문수보살 도량으로 피부병을 앓고 있던 세조임금께서 맑은 개울물로 몸을 씻고 있는데 등을 밀어주고 있는 동자가 너무나 순수하고 귀여워 해칠 수가 없구나. 동자야!

누가 물어도 임금의 등을 씻어 주었다는 말을 하지 말라는 약속을 지킬 수 있는가? 예, 지킵니다. 저도 약속 하나 합니다. 누가 물어도 동자승이 등을 씻어 주었다는 말을 하지 않는 것입니다. 하는 동자승의 말에 문득 놀라 뒤를 돌아보니 동자승은 온데간데없고 피부병은 많이 좋아졌다는 이야기가 전해지고 있다.

64. 선생님의 다른 모습

● **조영숙 사례(88)**

내가 어느 단체에서 강연을 마치고 나왔을 때였다. 강연을 들었던 사람 중에 같은 동네에 사는 어떤 여인이 나를 아래위로 훑어보더니, 참 이상하다는 듯이 혼잣말로 '내가 잘못 보았나? 그럴 수가 없는데' 하길래, 잘못 본 게 아닙니다. 바로 보았습니다.

'선생님. 지금 모습과는 너무 달라 보였어요, 강연 중에는 키가 아주 커 보이고 머리에는 무엇을 쓰고 있는 것 같았고, 얼굴도 달라 완전히 딴 사람이었어요. 왜 이렇게 다르게 보입니까?'

좋은 체험을 하셨네요! 이상할 것 하나도 없습니다. 오히려 감사할 일이지요. 예, 그렇습니까?

강연을 시작하기 전에는 사람들이 잘 들어야 할 텐데 라고 신경을 썼다. 강의가 시작되면서 현상과 실상에 이어, 우리가 잘 살고 못 사는 문제에서 없는 것을 있다고 하면 못살게 되고, 없는 것은 없다고 하면 잘 살게 됩니다.

다시 말해 어둠에 속하는 것은 본래 없는 것으로 있는 것처럼 보여도 가짜이므로, 없는 가짜를 잡고 있으니 잘 살 수 없다. 밝음에 속하는 것은 본래부터 있는 진짜이므로 진짜를 잡고 있으니 잘 살 수밖에 없다. 라고 강연하시는데 모두가 빨려들어 가듯 긍정하면서 조용하게 듣고 있었습니다. 이렇게 조용하게 듣는 것은 공부가 잘되고 있는 것이다. 정말 고맙구나! 동료 모두에 감사합니다. 선생님 감사합니다. 라고 생각할 때 선생님의 모습은 이미 바뀌어 있었습니다.

어떻게 된 것일까 다른 사람은 다 그대로 잘 보이는데 유독 선생님만 이럴 수가! 놀랐습니다.

그래서 강연을 마치자 바로 강연 중에 일어난 사실들을 그대로 전하면서 궁금한 답을 얻었다고 했다.

65. 결혼과 전근

• 홍선희 사례(89)

기본교육을 마치고 상담 공부를 하게 된 삼십 대 중반의 여성 공무원이다. '결혼할 생각도 있고 선도 봅니다만 성사가 잘 안 됩니다.' 라고 하여 두 가지를 점검해 본다.

자식들은 부모님을 보고 그대로 배우므로 부모가 행복한 삶을 살고 있었는가? 하는 것이 매우 중요하다. 그렇지 않다면 부모님의 밝은 면을 못 봐 얼굴이 밝지 않다. 그리고 결혼하려고 하지만 결혼생활의 아름다움을 보지 못하고 어두운 면만을 봐 왔다면, 내심으로는 소극적이어서 끌어당기는 적극적인 힘이 모자라 성사가 잘 안 된다. 어두운 면만을 보는 것은 세상을 잘못 본 것이다.

이 세상에는 깨닫고 보면 어둠 없고 밝음만 있는데, 있는 밝음은 보지 않고 없는 어둠만 봐서 일이 틀어지는 것이다. 예, 인정합니다. 그러니 이제부터는 밝음, 즉 행복하게 잘 사는 가정만을 보도록 하세요. 잘할 수 있겠죠? 예, 자신 있게 할 수 있습니다. 두 가지로 정리해 봅시다.

먼저 어둠은 보지 말고 밝은 것만 보고, 행복하게 사는 가정을 보고, 방긋 웃는 밝은 얼굴을 할 수 있지요? 예, 할 수 있습니다. 그다음은?

좋은 분이 나타나서 만나게 해주는 것이 더 좋겠습니다.

2주째 참석해서는 '결혼 상대가 나타났습니다. 그런데 그 사람도 저도 50여 회나 선을 봤는데 첫선을 본 사람을 다시 만났습니다. 이런 일은 잘 없지요?' 아주 드문 일이며 좋은 배필을 만났음을 축하했다.

처음 만나보고 헤어졌지만 '내가 밝아지고 상대를 끌어들이는 힘이 강해지니 지나간 인연이라도 좋은 인연은 놓치지 않고 성사를 시킬 수 있다.' 밝음에 드는 것이 이렇게 소중한 것이다.

66. 불구가 된 무릎
● 이창동 사례(90)

본교를 졸업한 이 군이 상담실 1층 계단을 겨우 올라와 하소연을 했다. '오토바이를 타고 가는데 갑자기 택시가 뛰어들어, 피할 겨를도 없이 왼쪽 무릎을 심하게 다치는 교통사고를 당했습니다. 무릎 인대가 심하게 파열되어 대학병원에서 5개월이 넘도록 치료를 받았으나, 더는 치료가 될 수 없다는 절망적인 말을 들었습니다.

제가 아무런 잘못한 것도 없는데 왜, 이렇게 평생을 불구로 고통과 괴로움에서 살아야 합니까? 인대 파열은 더는 치료가 안 된다고 합니다.' 우리 몸에서 고장 난 쓸개를 완전히 제거하게 되면 처음에는 소화액이 나오지 않아 살 수가 없을 것 같지만, 얼마 지나지 않아 그 자리에 쓸개 대용물이 생겨 건강하게 살고 있지 않으냐! 그처럼 인대가 파열된 무릎도 정상이 될 수 있다. 네가 정상이 된다고 믿으면 정상으로 된다. 일체유심조이다.

그러면 '완전히 인대가 파열되어 불구가 된 무릎도 다시 정상으로 될 수 있단 말씀입니까?' 물론이다. 밝음만을 보면 전과 똑같이 정상으로 될 수 있지!

먼저 받아들여야 할 조건이 있다. 너를 다치게 했다는 그 기사를 용서할 수 있어야 한다. 그가 바로 너의 스승이고 너의 생명의 은인이다. 너는 그것을 알지 못하고 미워하고 증오만 하고 있었다. 증오하고 있는 한 너의 다친 다리는 정상으로 회복될 수 없다. 라고 강하게 말했다.

'도대체 저는 이해할 수가 없습니다. 생각하면 할 수록 화가 치밀어 오릅니다. 그 사람이 나를 불구로 만든 장본인인데, 어떻게 용서하고 더 나아가 은인이라고까지 하십니까?'

아주 좁은 생각으로 집착하다 보면 자네처럼 말할 수도 있다. 그러나 가령 나를 구타하고, 직장에서 나를 몰아내고, 육체적 또는 물질적으로 고통과 어려움을 줄지라도 진리 면에서 볼 때는, 모두가 너를 위한 위대한 스승이고 은인임을 꼭 알아야 한다.

오히려 상대를 적으로, 원수로 만들어버렸으니 원수도 있고 다리의 고통도 있는데 내가 어떻게 편안하게 살 수 있겠는가?

그래서 자네는 무릎의 고통뿐만 아니라 심신의 아픔에서 도저히 벗어날 수가 없다는 것이다. 고뇌에서 벗어나기 위해서는 이런 고통을 주는 사람이 어째서 나의 스승이고 은인인가? 화가 엄연히 치미는데 왜 화 자체가 없는가에 대해서 반복하여 몇 번이고 말을 해 보라고 했다.

'반복하면 할수록 화가 더 치밀고 힘이 빠져 숨이 막힐 지경입니다. 너무 힘이 듭니다.'

시간이 지날수록 화는 더 쌓여만 가는데 이 상태로 너는 살 수 있겠느냐?

'그렇습니다. 도저히 살 수 없습니다.' 어떻게 해야 살 수 있겠는가?

'제가 살기 위해서는 이 치미는 화를 없애야 하므로 그 사람을 은인으로 받아들일 수밖에 없습니다. 어떻게 해야 합니까?'

어둠에서 밝음으로 나와야 너는 살 수 있다.

화가 있다고 인정하는 것이 어둠이고 화가 없다는 것은 밝음이다. 화가 없다고 하면 바로 끝나는 일을, 화가 있다고 인정하고 없애려고 하니 내 마음에 화를 없앨 수도 없고 점점 화만 키우게 된다. 우리 생활에서 화가 없다고 하면 처음에는 좀처럼 이해하기가 어렵지만, 세상에는 어둠 없고 밝음만 있다는 이 진리를 알면 어둠에 속하는 것은 이 세상에는 없구나! 바로 알게 된다.

화는 있는 것이 아니고, 있는 것처럼 보일 뿐이다. 화나 미움, 고통은 본래부터 없지만 자기의 망상으로 자기 기준을 만들어놓고, 내가 하는 것은 다 옳고 남이 하는 것은 다 그르다고 하여, 남과는 조화하지 못하고 불화만 쌓게 된다.

우리가 푸른색 안경을 끼고 세상을 보면 세상이 온통 푸르게 보인다. 이때 세상이 왜 푸르게 보일까, 한탄하면서 끼고 있는 색안경을 벗을 줄 모르는 것이나, 실제로 존재하지 않는 화나 미움, 고통의 색안경을 끼고 왜 나에게만 이런 괴로움이 있는가? 하고 세상을 비관하면서 없는 어둠의 색안경을 벗을 줄 모르는 것과 다를 바가 없다.

그리고 술을 좋아하게 되면 시도 때도 없이 마시게 된다, 많이 마시면 속이 쓰리고 아플 때도 있다. 술을 많이 마시면 왜 속이 쓰리고 아파야 하는지 그 이치를 알면, 자네의 모든 괴로움과 아픔은 곧바로 풀릴 수 있다.

저는 좀처럼 이해가 안 갑니다.

한번 돌이켜 생각해보자. 만약 이 사고가 없었다면 지금까지 오토바이를 타고 마음대로 시내를 질주하고 있었겠지. 그렇게 위험도 모르고 겁도 없이 운전하고 있었다면, 반신불수가 되었거나 살아있다는 보장도 없다. 그런 너를 구하려고 택시기사가 나타나서 자기 차도 부수고 몸도 다치면서 깊은 낭떠러지로 떨어지는 너를 붙잡은 것이다. 다만 급한 상황이라 너를 급히 잡는 바람에 다리를 다치는 것으로 끝났으니 얼마나 다행한 일인가. 그 기사가 너를 안전한 길로 인도해준 스승이며, 너의 생명을 구해주었으니 생명의 은인이라고 한 것이다. 이런 고마움을 알고 기사에게 감사한다면 다리의 고통은 더는 없다.

다치는 그 날까지도 부모님을 비롯하여 너를 아끼는 많은 사람이 오토바이를 타고 속력을 내는 것은 매우 위험하므로 타지 말라고 간곡하게 말리는 소리를 귀담아듣지 못했으니 사고를 당한 것이다. 사고를 당하고서야 뒤늦게 후회를 한다.

그래서 매를 맞아야 아는 짐승과 다를 바 없고, 말을 해서는 듣지 않으니 적절한 고통이 올 수밖에 달리 도리가 없는 것이다.

흔히 고통을 맛보고 나서야 깨달을 수 있다. 고생을 해봐야 사람이 된다고 한다. 고통이 전제가 아니고 깨닫기 위해서 사람이 되기 위해서 고통이 수단으로 따르는 것이 도리이고 이치이고 더 나아가 섭리인 것이다. 이런 도리를 모르니 택시기사를 향한 미움과 증오는 없어지지 않고 그대로 남게 될 것이고 그 원망이 남아있는 한 다친 무릎은 회복될 수 없다.

우리가 술을 지나치게 많이 마시는데도 불구하고 전혀 고통이 없다면, 애주가들은 밤이고 낮이고 항상 취해 있을 것이고 아마 죽을 때까지 술병을 입에서 떼지 못할 것이다.

아직 죽을 때가 안 된 사람이니 살려야 하겠는데 말로 타일러서는 술을 끊을 수 없으니 몸에 고통이 따르면 술을 끊게 된다. 속이 거북하고 이상하면 놀라며 아, 이거 술 때문에 위장에 이상이 있는 것이 아닌가? 혹시 죽을 병이 아닌가! 하면서 자기 스스로 술을 절제하고 끊는 것을 자주 볼 수 있다.

이때도 부모님은 스승으로 나타나 술 많이 마시지 마라. 일찍 들어 오라 하며 많은 충고를 한다. 그때마다 부모님의 말씀을 언제나 잔소리처럼 가볍게 듣고 귓전으로 흘려보내게 된다. 그러다가 어떤 일이 일어나면 부모님의 충고를 받아들였어야 했는데, 하며 후회한다. 이런 사실은 스승이 되는 부모님의 충고를 받아들이지 못한 결과라는 말이다.

부모님들이 귀여운 자식에게 잘되기를 바라는 마음에서 마음의 아픔을 참고 사랑의 매를 든 것이다. 이때 자식은 부모의 참뜻을 알고 순종하면 더는 매가 필요 없겠지만, 나만 미워서 때린다고 생각하면 더 아프게 느낄 것이고 하지 말라고 하는 짓은 골라서 하고 비뚤어지기 시작한다.

'우리가 길을 잘못 들어서면 바른길로 가라고 스승이 나타나서 가르쳐 주고 있지만, 지혜가 없는 사람은 스승의 가르침을 모를 뿐이다.' 세상만사가 다 이와 같아서 바른길로 가도록 하는 깨달음에는 말보다 고통이 따른다.

말과 고통을 통해 깨달음으로 이끌어가는 세상 이치가 이렇게 밝은데, 무슨 화나 걱정, 근심이 있고 받아들여야 할 벌이 있단 말인가? 고통, 근심, 걱정, 미움은 본래 없다. 지혜가 없어서 있다고 생각하고 거기에 집착한 나머지, 엉뚱한 망상만 키워서 그 망상에 취해 옳고 그름을 판단하지 못하니 어려움이 오게 된다. 여기서 벗어나는 길은 어둠에 속하는 것은 본래 없고 밝음에 속하는 것만 있다. 완전한 실상 참 '나'만 존재한다고 굳게 믿고 깨닫는다면 마음이 안정된다.

여기에 이르니 이 군의 눈언저리는 어느새 붉어져 있고 얼굴은 더욱 밝아 보였다.

참회의 눈물이 나온다. 지혜 없는 사람은 밝음을 못 보고 어둠만 보지만 지혜 있는 사람은 어둠을 못 보고 밝음만을 본다.

지금까지 너는 무릎을 다친 사고만을 생각하고 그 운전수를 증오하며 악도 있고 어둠도 있다고 그를 원망했다. 어둠은 본래가 없다고 깨닫고 보니 사고가 아니고 나를 살리는 사랑의 매였구나! 그래서 나의 스승이고 생명의 은인이었구나! 를 이제 확실히 깨달았지? 예. 하면서 계속 고개를 끄덕이며 긍정을 하므로 대화를 끝냈다.

며칠이 지나 밝은 얼굴로 와서, '몸은 정상으로 회복되었습니다. 저에게 희망을 주셔서 감사합니다.' 그 희망도 내가 준 것이 아니고, 희망으로 가는 길을 안내했을 뿐이다. 어둠은 없고 밝음만 있다고 깨달은 소중한 체험을 모두와 공유하는 이것이 너의 밝은 삶이다.

그후 이창동 군은 은행 행원시험에 응시하고 합격하여 성실히 근무하고 있다.

67. 담배 골초

• 장용철 사례(91)

본교를 졸업한 직장인으로 기본교육을 마치고 상담 공부를 하게 되었다. '저는 몸도 무겁고 마음도 무거워서 하는 일마다 제대로 되지를 않아 도무지 하고 싶은 일도 흥미 있는 일도 없습니다. 시야가 흐려서 꼭 자욱한 안개 속에서 헤매는 것 같아 한 치 앞을 내다볼 수 없어 어둡기만 합니다.'

'이 어둠에서 벗어나려고 아무리 애를 써 봐도 도저히 벗어날 수가 없고 더욱더 어둡기만 하여 초조한 마음을 달래려고 담배만 피우게 되었습니다. 이제는 하루에 3갑의 담배도 모자라는 골초가 되어 니코틴이 온몸에 배어 담배 냄새로 다른 사람의 옆에 가기가 힘이 듭니다.

어쩌다가 이렇게까지 쓸모없는 인간으로 변해 버렸는지 알 수 없습니다.' 라고 했다.

어떻게 하면 담배도 끊고 이 어둠에서 벗어나 사람답게 살 수 있겠습니까? 너무 자책하지 말라.

여기서는 담배나 술을 끊으라 하지 않는다. 우리는 모두 본성의 마음 바탕에 있는 자유인으로 하라, 하지 말라 강요하는 대신 스스로 즐겨할 수 있는 길을 안내한다.

자기 자신의 실제 존재가 영원히 무너지지 않는 금강불괴의 참 '나' 즉 우리 자신은 영원히 변하지 않고 사는 전지 전능자가 바로 나라는 사실을 깨닫게 한다. 깨달으면 해야 할 것들 하지 말아야 할 것들이 자연스럽게 정리되므로 바라는 것들이 쉽게 해결된다.

그래서 참 '나'를 먼저 깨닫자는 것이다. 호랑이를 잡으려면 호랑이 굴로 들어가라는 말처럼 참 '나'를 붙잡으려면 참 '나'의 마음을 알고 그 자리로 들어가면 된다.

지난 밤에 잠을 푹 자고 아침에 잠을 깨면서 느껴지는 순간적인 순수한 밝은 마음, 한 생각도 일어나기 전 거짓 없고 오염되지 않은 순수한 마음, 모든 것의 바탕 자리로 내 마음의 근원이며 나의 본성 자리인 이 자리가 바로 내 마음자리로 내 마음은 상주(常住)하며 언제나 이 자리에서 출발한다.

이 자리에서 밝은 생각, 밝은 말, 바른 행동만을 하고 있다면 이미 너는 밝음에 들어와 있으므로 밝음에 속한 것만 존재한다. 어둠에 속한 것은 그 어떤 것도 존재하지 않는다.

이 자리는 근심, 걱정, 번뇌, 집착 없고 탐진치가 붙을 수 없는 우리 마음의 본성 자리로 바로 열반의 자리, 해탈의 자리, 성불의 자리이다. 이 자리에는 어둠이 없다는 것을 알지 못하면, 즉 깨닫지 못하면 몸도 마음도 무겁다. 일에 흥미가 없고 잘 안 된다. 시야가 흐려 안개 속에서 헤맨다. 시름을 잊으려고 담배를 피우다 골초가 되었다. 이런 어둠을 벗어나려고 발버둥쳐 본들 소용없는 일이다.

이 모두는 본래부터 없는 어둠이고 존재하지 않는 가짜인데, 가짜인 줄 모르고 없애려고 한 어두운 생각이 가짜를 키워서 낭패가 난 것이다. 그래서 어둠을 생각도 말고 입도 뻥긋하지 말며 오직 밝은 생각, 밝은 말, 바른 행동만을 하라는 것이다. 서둘지 말고 꾸준히 하면 된다.

이대로 실천만 하면 모든 어둠은 바로 사라진다고 하니 고개를 끄덕이며 긍정을 했다. 어느덧 얼굴은 밝아 보였고 감격스러운 소리로 자신 있게 실천할 수 있다고 하여 대화는 끝이 났다.

며칠 후 흥분된 목소리로 전화가 걸려 왔다. '교수님 담배를 끊었습니다. 담배가 끊겼어요.'라고 했다. 담배를 끊은 지 4~5일이 되었다고 했다. 그래서 어떻게 끊었냐고 물으니 '담배 피우는 것을 잊어버렸습니다.'라고 했다.

며칠이 지나 상담실로 찾아왔다. 얼핏 보아도 종전과는 너무나 다른 좋은 인상과 건강한 모습으로 변한 것을 알 수 있었다. 아직도 감격스러움이 남아있는 듯했다.

'교수님! 그렇게도 무거웠던 몸과 어두웠던 마음이 설법 중에 참 '나'인 나를 의식하고 몸도 마음도 가벼워짐을 느꼈고 앞이 환하게 밝아짐을 느꼈습니다. 꿈에서 깨어난 듯이 처음으로 느껴본 상쾌한 기분이었습니다.'

감사하다는 말씀을 드리고 밖을 나서니 '시야에 들어오는 나뭇잎 하나하나가 살아서 숨을 쉬고, 바위와 건물, 유리창, 벽 역시 살아 움직이듯이 모두가 아름답고 생동감이 넘쳐흐르고 있었습니다.

그리고 직장에서는 어려웠던 일이 쉽게 풀리면서 동료들 사이에도 조화가 이루어지고, 거래하는 업체와의 관계도 좋아지고 있습니다. 가정에서나 사회에서나 화목이 되어 하루가 즐겁고 만사에 의욕이 생깁니다.

저처럼 고생하는 골초들에게 참 '나'와 금연에 대한 제 체험을 꼭 말해주고 싶습니다.' 네 마음 밝으니 어둠은 없음을 공유해야한다.

그리고 담배 피우는 것을 잊어버렸다는 정답을 말했다. 억지로 참고 끊었다고 했다면 일시적인 금연밖에 안 된다. 그래서 어떻게 잊어버렸다는 것인가? 물으니

'저의 환경이 갑작스레 너무 좋아지는 바람에 새로운 세상에 온 것 같이 모두가 신비스럽고 아름답게 보여, 시간이 나는 대로 산으

로 들로 친척 집으로 다니고 싶어 바쁘게 다니느라 담배 피우는 것을 까마득히 잊고 있었습니다.'

'옷을 갈아입다가 호주머니에서 담뱃갑이 방바닥으로 떨어지는 것을 보고 아, 그동안 담배를 피우지 않았구나! 피우지 않으려고 온갖 노력을 다했었는데 어느새 금연하고 있다는 것을 알고 너무 기뻐서 전화를 드렸습니다.' 금연하라 금주하라고 하는 말 즉, 하라 하지 말라는 말은 본성의 마음 바탕에서 나온 말이 아닌 자유를 구속하는 말로 어둠이기 때문에 떠올리면 더욱 집착하고 끊기가 힘들 수가 있다. 그래서 '내 마음 밝으면 금연, 금주가 자연스럽게 되므로,' 먼저 마음을 밝게 하라는 것이다.

밝은 마음으로 사는 이것이 바로 극락정토로 우리의 생활 속에 나타난 것이다.

68. 시도 때도 없는 감기

• 김동진 사례(92)

기본교육을 마치고 상담 공부하게 된 직장인이다. 감기에 잘 걸리고 한번 걸렸다. 하면 심하지는 않지만 잘 낫지를 않고, 오래갈 때는 한 달 정도로 늘 감기를 달고 있어 몸이 가뿐하지 않다고 했다.

오늘 공부한 것 중에 진짜와 가짜가 있고 밝음과 어둠이 있다. 가짜인 어둠은 본래부터 없는데 없는 감기가 있다고 속아 감기에 걸려 있다고 늘 마음으로 감기를 인정하고 있으니 감기를 불러들이고 있는 꼴이 되었다. 그래서 없는 어둠(감기)을 벗어나지 못하고 한번 걸린 감기는 잘 낫지 않고 오래간 것이다.

인간은 자성이 있으므로 때에 따라서는 주인의 명령을 그대로 받아들이지 않고 거역하는 일도 있다. 육체는 전혀 그렇지 않다. 보고, 듣고, 생각하고 행동하는 '자성(본성)'이 없으므로, 주인이 명령하는 대로 절대복종하여 명령을 받아들임으로써 건강은 바로 달라진다.

주인인 내가 육체를 향해 육체는 건강하다고 하면 육체는 건강해진다. 이때 주인이 100%의 믿음을 가지고 육체에 말한다면 육체는 100%의 일을 바로 한다는 것이다.

그렇지만 육체의 주인이 10~20%의 믿음으로 말한다면 아무런 힘이 없으므로 효과를 기대할 수 없다.

바꾸어 말하면 주인의 믿지 않는 마음이 80~90%나 되어서 믿는 마음보다 훨씬 크므로 몸은 건강해질 수 없다. 그러므로 자기가 '제대로 믿지를 못하고 하는 말은 아무런 힘도 효과도 없으니 먼저 믿고 하는 것이 가장 중요한 것이다.

감기는 어둠이므로 본래가 없는 가짜인데 나의 마음이 어두워서 있다고 인정하고 불러들였으니 내 마음 밝아지면 어떤 어둠(감기)도 들어올 수 없다. 그래서 마음을 밝게 하려면 순수하고 청정한 참 '나'의 마음이 바로 내 마음임을 깨닫기만 하면 된다.

깨닫자면 내 마음 따로, 참 '나' 마음 따로 있는 것이 아니므로, 본래부터 하나라는 사실을 아는 것이 중요하다. 하나임을 알았다면 참 '나' 마음이 나의 본성의 마음이란 것도 쉽게 알 수 있으므로 내 마음은 항상 참 '나'를 바탕으로 하고 있다. 참 '나'의 순수하고 밝고 청정한 마음이 바로 내 마음이란 사실을 이제 깨달을 수 있지요? 예, 있습니다. 여기서 한번 더 깨닫는 것이 중요하다. 세상에 영원히 존재하는 것은 오직 참 '나'뿐으로, 참 '나'는 순수한 밝음이니 밝음만 있고 그 밖에 어둠을 비롯한 어떤 것도 없다고 깨달을 수가 있어야 한다.

예, 깨달을 수 있습니다.

그렇다면 세상에는 무엇이 있고 무엇이 없는가?

밝음만 있고 어둠은 없습니다.

그래서 밝은 생각 밝은 말만을 하여 내 마음이 밝아 있다면, 어떤 어둠도 다가서면 사라지므로 가까이 올 수가 없다. 이렇게 밝게 사는 것이 정말 잘사는 길이고 행복하게 사는 길이다. 하지만 잘 사는 길 행복하게 사는 길이 있고 잘 못사는 길 불행하게 사는 길이 따로 있는 것은 결코 아니다.

오직 있는 길은 밝게 살고, 행복하게 사는 길 하나밖에 없다. 그러니 잘 살고 못사는 것은 밝은 길로 들어가느냐의 문제가 아닐까요? 밝은 길로 들어가는 데는 어둠에 관한 것은 일절 떠올리지 말고 오직 자신의 건강한 모습을 마음으로 그리고 굳게 믿으며 감기는 없다. 가짜다. 나는 건강하다. 본래부터 건강하다. 나는 이미 건강해 있다고 반복해서 말하는 것이 좋다.

이미 밝은 모습으로 수긍하며 자신이 있어 보여 상담 공부를 마쳤다.

그리고 몇 년이 지나서 감기는 안녕하신가? 했더니 감기를 한 번도 부르지 않았더니 저도 보지 못한지가 5년 정도 된다고 아주 밝은 표정으로 말했다.

69. 떨어지지 않는 체온

• 최현자 사례(93)

산달이 되어서 몸에 열이 갑자기 올라 종합병원에 입원하여 치료를 받고 있는 분이었다. 열이 좀처럼 내리지를 않아, 잠도 잘 수 없고 누워 있기도 힘이 들어, 애를 먹고 있다고 했다. 체온도 39~40도까지 오르내렸지만 병원에서는 더는 항생제를 쓸 수 없다며 기다려 보자고 했다. 견디기가 너무 힘들어 주치의의 허락을 받고 오후에 부부가 함께 왔다.

이젠 괜찮아요. 모든 것은 정상으로 된다. 세상에는 어둠은 없고 밝음만 있는데 없는 어둠을 있다고 본 것이다. 노산은 힘이 든다. 열은 내려야 한다. 약은 먹을 수가 없고 조그마한 잘못도 있어서는 안 된다. 이런 어두운 생각을 산모가 할수록 두렵고 초조하고 화가 나고 마음이 불안하여 체온이 올라가지만 걱정하지 말라고 했다.

아기를 출산하고 키우는 모든 것은 내가 하는 것이 아니다. 물론 노력은 내가 하지만, 근원적으로는 신불 즉 참 '나'가 하므로 잉태를 시켜주었다면 산모도 건강하고 아기도 건강하게 출산하도록 돌봐주는 축복받을 일이다. 이를 알지 못하고 어둠인 걱정을, 나 스스로 하고 있으니 탈이 날 수밖에 없다. 그러니 불안하고 초조해하는 어둠에서 근심 걱정이 전혀 없는 밝음으로 들어가면 체온은 바로 정상이 될 수밖에 없다.

굳게 믿는 마음으로 따라 한다. 육체는 자성이 없으므로 주인의 말을 절대복종하여 말한 대로 따라간다.

열은 내리고 있다, 세 번 말하니 이미 열은 내렸다.

나와 아기는 건강하다를 세 번 말했다. 몸의 열이 내리고 있음을 느낄 수 있지요? 있습니다. 몸도 마음도 편하지요? 예, 편해 옵니다.

이 사실을 믿을 수 있느냐? 예, 믿을 수 있습니다. 이젠 정상이다. 예, 몸은 아주 가뿐합니다. 이로써 열은 완전히 떨어졌고 이내 순산하여 아기도 산모도 건강했다.

70. 화도 원수도 감염도 없다

● 박헌찬 사례(94)

기본교육과 상담 공부도 다 마치고 시간이 있을 때마다 공부하러 오는 의료인이다. 어느 날, '선생님은 늘 밝음만 있고 어둠은 없다고 하시며 어둠인 질병과 화는 물론 더 나아가 원수까지도 없다고 하시는데 쉽게 이해가 가지 않아 질문을 드립니다. 원수가 정말로 없습니까?'

매일 환자를 다루며 병, 병, 하고 있는데 병은 없다. 가짜다. 경고 등이라고 하니 믿기가 매우 어렵지요. 그리고 매일 TV 신문 광고 업체에서는 이런 병에는 이런 약을 먹어야 한다고 끊임없이 선전하고 있으므로 병이 있음을 온 인류에게 각인시키고 있어서, 이제는 누구나 병이 있다는 것이 고정 관념이 돼버렸다. 병은 가짜이고 없는 것이다. 경고등이다. 해도 처음부터 믿으려 하지 않습니다. 그래서 먼저 믿고 깨달아 알아야 합니다. 어떻게 믿을 수가 있습니까? 하고 반박하는 것도 당연한 말인 줄 아는데 그렇지 않습니다.

'여기에 올 때도 다 알고 온 것이 아니고, 먼저 믿고 왔으니 그렇게 믿고 하면 됩니다.'

알고 믿으려고 한다면 아는데 시간이 너무 걸려 좀처럼 나갈 수 없으므로 믿는 것을 1순위로 하고 아는 것을 2순위로 한다.

'이해는 합니다만 너무나 큰 변혁이라서 수긍하기가 쉽지 않습니다. 하지만 먼저 믿도록 노력 하겠습니다.'

그러면 어둠은 없고 밝음만 있다는 이 진리를 먼저 깨달아보자. 해가 지면 어두워지고 해가 뜨면 밝아진다. 다시 말해 빛이 없으면 어두워지고 빛이 있으면 밝아지므로 빛이 없음을 어둠이라 한다. 그러므로 빛(밝음)이 있으면 어둠은 절대로 존재할 수 없으므로 없다. 없으니 어둠과 밝음은 공존할 수가 없다는 것이다.

따라서 내 마음이 밝아 있다면 어두운 마음은 나에게 들어올 수도 없고 가까이 올 수도 없다. 즉 질병, 화, 원수와 같은 어둠은 밝음에 다가설 수가 없다는 것이, 분명한데. 없는 어둠을 있다고 착각하는 데서 모든 문제가 생기고 고통을 받는 것이다. 다시 질문하기를, 그렇다면 없는 어둠이 왜 있는 것처럼 보입니까?

'전체를 보지 못하고 하나의 대상만을 보고 집착하기 때문이지.'
세상에는 어둠 없고 밝음만 있다고 깨달은 사람은 전체를 보지만 깨닫지 못한 사람은 오직 하나의 대상만을 보기 때문이다.

다시 말해 깨달은 사람은 전체를 보고 어둠이 없다고 알지만 깨닫지 못한 사람은 하나의 대상에만 집착하기 때문에 어둠인 화는 점점 커져서 원수가 되기도 한다.

훌륭한 화가는 어떤 경치를 보아도 그 전체의 아름다움을 자기의 화폭에서 살려 명화를 만들지만, 서툰 화가는 하나의 대상만을 살리려 하다 보니 명화가 되지 않는다.

이제서야 밝은 얼굴로 머리를 끄덕이며 긍정하기에 마음이 편하죠? 예, 아주 편합니다.

'이제는 전체를 보는 눈을 뜨게 되었으니 세상에는 밝음만 있고 어둠은 없다는 바른 지혜가 자연스럽게 생겨납니다.'

질병도 없고 화도 없고 원수도 없다. 안된다는 것도 없다고 알 때, 없는 것과 있는 그것이 뚜렷하게 구분이 된다. 그러니 지금 공부한 것을 가능한 소리 내어 말해보는 것도 좋다.

그리고 병원에서도 질병은 있다고 인정하고, 진료할 때와 질병은 가짜이고 없는 것, 다만 주의하라는 경고등이라고 알고 진료할 때와는 치유율은 큰 차이가 있을 것이다. 여하튼 질병은 없다고 가짜라고 먼저 믿어야 한다.

예, 믿겠습니다. 그리고 며칠 후에 '어둠인 화도 원수도 없다는 것을 머리로서는 알았는데 확신이 가지를 않습니다.'

그것은 지난날 내 마음이 멋대로 생각한 나의 업력(業力)이 남아 있는 것이니 그냥 두면 이내 사라지고 확신이 간다.

선생님 원수는 정말로 없습니까?

물론 없다. 단지 내가 착각으로 만든 나의 어두운 작품이다. 누가 뭐라 해도 '이 세상에는 원수는 없다고' 강조하고서, 몇 차례 유 무를 묻고 답을 한 후, 어느 날 '선생님 이제 확신이 갑니다. 이론이 아니고 믿음으로 어둠 없고 밝음만 있다는 사실을 깨달았습니다.' 상대에게 전화도 했다며 기쁘고 흥분된 목소리로 말했다.

'30년이 넘게 닫혀 있던 친구와 화해의 우정을 나누는 용기 있는 일을 박원장이 먼저 했군요! 이제는 전체를 보는 눈이 열리게 되었으니 세상에는 어둠 없고 밝음만 있다는 사실이 더욱 선명해집니다.' 어둠이 있다는 그것이 망상이었구나! 밝음만 존재하는구나! 하고 깨달은 만큼 전체를 보는 이 밝은 지혜가 나에게 생겨나고 이 지혜는 또 유사한 지혜를 불러들이고 있어 지혜는 점점 늘어난다.

네 마음은 항상 어디에 두어야 하느냐?

'나의 마음은 모든 것의 바탕이고 모든 것이 시작되는 순수한 참 나인 본성 마음에 두어야한다.'

참 '나' 마음이 바로 내 마음이다. 참 '나'를 바탕으로 우리는 존재하면서 한 생각을 일으키고 있다. 이 사실을 알고 보니. 참 나의 순수한 이 자리는 '열반의 자리, 해탈의 자리, 마음의 본성 자리로 이 자리를 떠날 수 없으므로 항상 이 자리에 머물고 있다.'

그리고 보름 정도 지난 후에 아주 밝은 목소리로 전화가 왔다. 'B형 간염이 사라졌습니다.'

그간 한번 발작을 하면 4~5일간은 홍역을 치르는 성가신 간염이 사라졌다고 했다.

그리고 한 달 후쯤

'B형 간염에 항체까지 생겼습니다. 그동안 이 간염을 없애보려고 온갖 민간요법까지 다 동원하여 갖은 애를 써보았지만, 아무런 소용이 없었는데 어둠(병)은 본래 없는 가짜라고 깨달아 마음 한번 바뀌니 이렇게 달라지는 현실에 형제자매와 우리 가족은 너무나 기쁘고, 감사해서 저절로 눈물이 났습니다. 이제는 어둠 없고 밝음만 있다는 이 사실을 깨달았으니 어둠이 있다고 착각하여 고통받는 만인들이 어둠 없음을 깨닫고 행복하게 살도록 하는 데 앞장서겠습니다.'

71. 화도 원수도 불면도 없다

• 김성도 사례(95)

심한 불면증으로 잠을 못 이루는 80대 상담자이다. 며칠째 잠을 한숨도 못 잤다며 몹시 피로해 보였다.

왜 잠을 못 잡니까? 하고 물었더니 '사실은 저에게 큰 괴로움이 있습니다. 삼십여 년 전에 살인의 누명을 쓰고 갖은 고초를 받고서 혐의가 없다고 해결된 사건이 있었습니다.'

그때 운이 좋아서 풀려났다는 등, 생각조차 하기 싫은 지난날 악몽을 두 사람이 다시 들추어 말을 퍼뜨리고 다닌다는 것을 알았다. 그 말을 듣는 순간 잊고 있던 지난 일들이 되살아나며 피가 거꾸로 솟는 듯 분을 참을 수 없었다. 고민하다가 내린 결론이 같이 죽자.

너희도 죽고 나도 죽자는 것이다. 어떻게 죽일까 하는 방법을 생각하다가 불면증에 걸려 잠을 못 자게 되어, 제가 먼저 죽게 되었다고 하소연을 했다.

그러면 불면과 원수 갚는 두 가지 문제를 해결하면 되는데 문제 해결은 아주 쉽고 간단하다.

'원수는 없습니다. 가짜입니다.' 없는 가짜라는 사실을 알기 위해서는 앞서 설명한 바와 같이 세상에는 어둠 없고 밝음만 있다는 이 영원한 진리를 먼저 깨달아야 한다.

쉽게 말해서 해가 지면 어두워지고 해가 뜨면 밝아진다. 여기에서 빛이 있으면 어둠은 없으므로 빛이 없는 것이 어둠이다. 이 어둠(그림자)은 실체도 없고 스스로보고 듣는 자성도 없으니 빛이 나타나면 저절로 없어지지요? 그렇습니다. 밝음과 어둠은 함께 있을 수 없지요?

예, 없습니다.

내 마음이 밝아 있다면 어둠은 내 마음에 절대로 들어올 수 없지요?

"예, 없습니다."

여기서도 밝은 마음과 어두운 마음은 공존할 수 없음을 보여 주므로 내 마음 밝으면 근심 걱정할 일이 전혀 없다. 없는 원수를 누가 만들어 준 것이 아니고 '나 스스로 없는 것을 있다고 속아서 만들어놓고 죽인다고 했으니, 어둠이 어둠을 불러 어둠은 점점 커져 불면증이 되어 본인이 먼저 죽겠다고 한 것이다.'

세상에는 어둠인 원수는 본래 없는 것, 원수는 없다고 크게 깨달으면 두 가지 문제가 동시에 해결된다.

머리를 끄덕이며 수긍하는 것 같아 없는 것과, 있는 것을 확실하게 깨달아야 한다고 당부했다.

어둠은 없고 밝음만 있다는 이 진리를 내 마음에 뿌리를 내려야 한다.

예, 뿌리가 내리도록 노력하겠습니다. 어느새 밝은 모습으로 바뀌었다.

다음날 전화가 왔다. 지난밤에 잠도 잘 자고 마음도 아주 편안해 원수도 어둠도 없다는 것이 실감 난다고 했다.

그리고 얼마 후에 전화로 당사자를 한번은 만나 봐야겠다고 했다. 세상에는 밝음만 있지요? 예, 밝음만 있습니다. 어둠은 없지요? 예, 어둠은 어디에도 없다고 자신 있게 말해서 만나보고 확신하는 것도 좋다고 했다. 다음은 당사자를 만나보고 와서 말한 내용이다.

'지금까지와는 달리 편한 마음으로 왜 그런 말을 했느냐 진의가 무엇인가 하니 전연 그런 뜻이 아니라고 나름대로 변명을 하기에 화가 나면서 손이 올라갈 것 같았습니다.

하지만 앞에 있는 분은 이미 내 원수가 아니다. 은인이라고 생각하니 화도 풀리고 마음도 편해졌습니다. 서로가 허심탄회하게 할 말을 하고 나니 마음도 몸도 한결 가벼워져 오늘 참 잘 만나보았구나! 이렇게 만나보니 속이 다 후련하고 원수와 어둠이 진짜로 없다는 것을 실감했습니다. 정말 감사합니다.'

이렇게 쉽게 해결할 수 있는 것을 왜? 나는 그렇게 오랫동안 없는 어둠을 있다고 움켜쥐고 괴로워하고 있었는지. 그동안 나는 무엇을 공부했단 말인가? 없는 어둠, 없는 원수를 왜 없다고 보지 못했는가? 나름대로 사서삼경, 금강경, 반야심경 등을 읽고 필사도 많이 했었는데! 지금 생각해보니 거기에 다 있는데, 나는 모르고 있었구나! 살아있는 공부를 못하고 남이 한 말만을 쫓아 알려고만 했다며 혼잣말을 했다.

그분이 저에게 왜 은인으로 나타났는가? 생각해보니 이번 일이 없었다면 전혀 모르고 지나쳐버릴 어둠은 없고 밝음만 있다는 이 소중한 진리를 깨닫도록 하는 계기를 만들어 주셨구나! 정말 감사합니다.

안 좋은 소문을 퍼뜨리고 다닌다는 그것만 보면 분명히 화를 낼 일이지만 어둠 없고 밝음만 있다는 큰 깨달음을 얻고서 전체를 보게 되니, 전혀 화낼 일이 아니고 내가 깨닫기 위한 필연적인 한 과정이었구나! 이 사실을 몰랐구나! 자책하면서 나에게 은인이었음을 깨닫게 된 계기가 되었던 것이다.

원수에서 화해가 되고 은인으로 바뀌게 되었으니 이런 아름다움이 또 어디 있겠어요? 그래서 세상에는 어둠 없고 밝음만 있다고 한다.

처음부터 원수가 있다고 알고, 저 사람은 틀림없는 내 원수라고 생각했다면 진정한 화해는 될 수 없다. 그러나 '원수는 본래 없으니 없다고 바로 깨닫게 해 주는 것이 화해하는 핵심이므로 진정한

화해는 자연스럽게 이루어진다.'

이제 원수가 없다는 것을 몸소 체험했으니 미혹해서 갈등을 빚고 괴로워하는 뭇 사람들에게 이 체험을 전하는 것이 김성도 님의 소임입니다. 예, 감사합니다.

72. 자식을 잃은 슬픔

• 이수희 사례(96)

결혼을 앞둔 자식을 잃은 부모다. 너무나 안타깝고 슬퍼 가슴이 답답하여 숨을 쉬어도 시원하지 않으며 어떤 위로의 말도 들리지 않고, 일에 대한 의욕마저 잃고 있었다. 자식을 잃어보지 않은 사람은 이 심정을 모를 것이라고 괴로워했다.

힘이 들어도 오늘부터 잊도록 합니다. 잊는 것이 내가 사는 길입니다. 자살 또는 사고나 병으로 사망할 때 자식과 부모와의 인연은 악연으로 끝이 난 것이다.

자식이 부모에게 고통을 주면서 끝낸 인연이기 때문에 이으려고 하지 말라. 그동안 좋았던 일, 힘들었던 어떤 일도 떠올리지 말라. 마음에 떠올리면 그만큼 인연은 이어지고 고통을 더 받게 된다.

자살하는 사람의 마음은 현실의 고통이 너무 커 도저히 감당할 수가 없고 지속한다고만 생각한다. 육신 없는 내 영혼은 새로운 삶이 시작되는 것은 모르고, 내 육신의 목숨만 끊으면 이 고통에서 벗어날 수 있다고 크게 잘못 생각하고 일을 저지른 것이다. 이 목숨을 내 마음대로 끊음으로써 또 하나의 인과응보를 받게 된 것이다. 자살함으로써 고통에서 완전히 벗어나고 해결된 것이 아니다. 자살하기 직전까지 죽겠다고 하는 고통에다 자살한 고통 하나가 더 붙어 온 것이다. 이런 충격적이고 끔찍한 사실을 안다면 누가 자살하겠습니까? 잘 알겠습니다.

그렇다면 문득문득 떠오르는 이 악연을 끊고 잊어버릴 수는 있겠습니까?

있습니다. 여기서는 악연을 끊어라. 생각을 잊으라고는 직접 말하지 않는다. 이것은 모두가 어둠이므로 끊으려고 잊으려고 생각하면 할수록 어둠은 더욱 커진다. 그래서 생각도 하지 말고, 말로도 하지 말고, 가만히 놓아두면 어둠은 본래 없으므로 저절로 사라질 수밖에 없다. 그냥 놔두고 오직 있는 밝음으로 들어가라는 것이다.

쉽게 말해서 내 마음이 밝아지면 지금까지의 슬프고 어두웠던 마음은 순식간에 사라지게 된다. 슬프고 어두운 마음이 다 사라져도 밝은 내 마음은 변함없이 항상 그대로 있다. 이 마음이 참 '나'의 마음이다.

어려서도 나이고, 나이가 든 지금도 그 나가 배가 고프면 배고픈 줄 알고, 밥 먹으면 배고픔이 해결되는 줄도 아는 나. 영원히 변하지 않고 존재하는 참 '나'의 마음자리로 한번 들어가 봅시다.

잠을 푹 자고 아침에 깨어나면서 잠 잘 잤다고, 생각으로도 말로도 하는 것이 아니고 오직 느낌으로서 순간적인 순수한 밝은 마음이 참 '나'의 마음자리이다. 이 자리는 선한 생각도 악한 생각도 없는 자리로 한 생각이 일어나면 이미 참 '나'가 아니므로 한 생각이 일어나기 전 참 '나' 바탕 자리에서 늘 밝은 생각, 밝은 말 만을 하게 되면 내 마음은 어느새 밝아져, 어두운 마음은 흔적도 없이 사라진다. 그래서 밝은 생각, 밝은 말, 바른 행동으로 수행하고 있다. 기필코 실천해야 내가 삽니다. 예, 하겠습니다.

이미 두 분의 얼굴은 밝아져 있고 마음은 편해 보여서 공부를 마쳤다.

다음 날 '어제 공부를 마치고 가는데, 지금까지는 숨을 쉬어도 가슴이 답답했는데, 갑자기 가슴이 뻥 뚫리듯 시원해져 살 것 같았습니다.' 이 답답함을 평생 지니고 사는 것이 아닌가 싶었겠지만 인연은 끝났다. 이미 끝난 인연을 이으려고 하지 말라. 그리고 밝은 생각, 밝은 말만 하라. 그렇게 하면 어두운 생각은 일어나지 않는다. 마음이 아주 편해졌습니다. 정말 감사합니다.

그리고 어제 공부는 우리 부부에게 아주 중요한 공부가 되었습니다. 감사합니다.

기본교육 중 모양 있는 현상계의 모든 것은 곧 없어질 가상(假像)이므로 애착을 가질 것은 아무것도 없다.

73. 직장에서 해고된 아픔

• 임수민 사례(97)

회사에서 해고를 당하고 많이 괴로워하고 있는 중견 회사원이다.

회사와는 인연이 이미 끝났는데, 악연으로 끝내지 말고 좋은 인연으로 끝내야한다. '저도 그것을 왜 모르겠습니까? 너무 일방적으

로 당하고 보니 화가 치밀어 견딜 수가 없습니다.'

'누가 잘하고 못하고를 떠나 나는 잘못이 없는데 일방적으로 당했다면 잘못은 상대에게 있으므로 상대가 벌을 받아야 하는데, 그 괴로움의 벌을 왜 내가 받아야 합니까?'

여기서 깊이 생각해야 할 것은 상대가 해고라는 원인 제공을 했는데 그것을 괴로움으로 받아들인 것은 본인입니다.

그러므로 본인이 괴로움이 본래 없다는 것을 깨닫기 전까지는 당연히 그렇게 받아들일 수밖에 없습니다. 그렇지만 깨닫고 보면 세상에는 어둠 없고 밝음만 있음을 안다. 고통, 괴로움은 본래가 없다. 지금 힘들어하는 것은 이미 끝난 과거, 어두운 인연의 일이므로 '어둠의 터널에서 머물지 말고 밝으므로 나오면 괴로움은 바로 없어지고, 새로운 삶이 시작된다.'

밝은 길로 가기 위해서는 가장 먼저 할 일은 나를 깨닫는 일이다. 현상계의 모든 것, 모양이 있든 없든 다 변해가는 가짜이므로 무상하고 허망해서 구해 놓아도 사라지므로 내 것이라고 탐내고 붙들 것은 하나도 없다. 진실로 우리가 붙들고 싶은 것은 단 하나 바로 진짜나 참 '나'이다. 형상이 없는 참 '나'를 깨달아야 하므로 참 '나'의 마음자리로 들어가 본다.

지난밤 푹 자고 아침에 깨어나면서 그저 느낌으로 잠 참 잘 잤다고 하는 '순간적인 순수한 밝은 마음, 청정한 마음이 참 '나'의 마음이며 바로 내 마음입니다.' 이 마음 바탕에서 늘 밝은 생각, 밝은 말 바른 행동만 하다 보면 어느새 어둠은 사라지고 밝음은 더욱 선명하게 드러난다. 그러면서 바라는 것이 서서히 없어진다. 바라는 집착이 없어지니 근심 걱정이 없는 해탈의 자리, 열반의 자리, 상락아정(常樂我淨)이고, 우리의 본성 자리이다. 이 '본성에 의지해서 살게 되면 하루하루가 밝고 선한 아름다운 삶'이 된다.

누구나 이 길로 가야 하지만 화도 있고, 어둠도 있다고 하는 사람은 마음이 어두워서 밝은 길로 갈 수가 없다. 없는 화를 안고 가야 하므로 탈이 날 수밖에 없다.

이번 사례에서도 나는 밝은 길로만 가고 있다면 해고한 당사자도 저 착한 사람을 잘못 본 것인가? 살릴 수는 없을까 생각할 수도 있다. 두 당사자는 밝음에 들어서 서로를 살리려고 하니 진정 아름다운 삶이라 하겠다.

하지만 어두운 길로만 가면서, 하고 싶은 말을 하고 있다면 해고한 당사자는 잘했다고 거듭 확신할 것이다. 두 당사자가 가는 길은 서로를 살리지 못하는 어두운 길이므로 아름다운 삶은 아니다. 흔히 눈으로 사물을 본다고 하지만 눈을 통해서 보는 것이지, 실제로 보는 것은 마음이다. 그래서 어둠은 없고 밝음만 있다고 아는 마음이 중요하다는 것이다.

부모와 딸 부부의 얼굴은 어느새 밝고 마음은 편해 보였다. 그러면서 말하기를 '세상에는 밝음만 있고 어둠은 본래 없다는, 이 진리가 어느새 내 의식 속에 들어와 있습니다. 마음이 아주 편해 옵니다. 속이 후련합니다.'

이 바탕 자리에 우리는 항상 머물고 있으므로, 참 '나'가 지닌 속성(屬性; 영원불변하는 나, 전지전능한 나, 시공을 초월한 나, 공적 영지인 나, 모든 것의 바탕인 참 '나')이 바로 나의 속성이구나! 하고 깨닫는다. 이 바탕 자리에 나는 있으니 힘이 들어도 없는 어둠은 절대 떠올리지 마시고 오직 있는 밝음에 속한 것만 생각한다. 지금 이 자리는 어둠이 들어올 수 없는 상락아정, 천국 정토이다. 감사합니다. 모두는 합장한다.

74. 영혼 및 코로나

• 채종순 사례(98)

기본교육을 마친 채종순님은 두 가지 질문을 했다.

첫 번째, "영혼이란 무엇이며 정말 있는지!" 궁금합니다.

영혼이라는 것이 어디서 온 것도 아니고, 새로 생겨난 것도 아니니 영혼이 따로 존재하지 않는다.

그렇지만 육체를 나라고 믿는, '가 아'(假我; 깨닫지 못한 나)는 육체가 멸(滅)하면 나는 죽는다고 알고 다음 윤회할 때까지 나를 지배하는 무엇인 가가 있다. 이 무엇인가를 영혼(靈魂)이라고 믿고 있다.

죽음도 있고 분별심도 있는「현상세계」에서 '가 아'는 영혼도 윤회(輪廻)도 귀신(鬼神)도 삼재(三災)도 탐진치도 있다고 믿기 때문에 영계에서 영혼의 생활을 한다는 것은 지극히 당연한 말이다.

그러나 육체를 나라고 인정하지 않고, 참 '나'만 나라고 하는「실상 세계」에서 '진아'(眞我)는 불멸(不滅)이고 불생(不生)이다. 그리므로 육체의 유무에 상관없이 항상 본성의 마음인 '진아'에게는 영혼, 윤회, 귀신, 삼재, 탐진치가 있다. 라는 말은 전혀 합당(合當)한 말이 아니다. 다만 육체가 나라는 현상세계에 해당하는 말이다. '선생님, 육체를 나라고 아는 분별심을 일으키는 현상세계에서만 영혼도 있고 윤회도 있고 귀신도 삼재도 탐진치도 있다고 보는 것입니까?' 그렇다. 이제 알겠습니다.

두 번째 질문은 '요즈음처럼 코로나로 전 인류가 불안해하고 있을 때 우리의 마음가짐을 어떻게 해야 합니까?'

물론 당국의 지시에 따르면서 가능한 위험에 다가가지 말고 건강관리를 잘해야 한다. 인간은 엄청나게 위대해서 코로나와 같은 전염병에 희생될 나약한 존재가 아니다. 그렇지만 한번 걸리면 죽을 수도 있고 후유증이 심각하다고 두려워하면 할 수록 병에 잘 걸릴 수도 있다.

하지만 세상에는 어둠 없고 밝음만 있으므로 내 마음 늘 밝아 있으면 코로나를 비롯한 모든 병은 어둠이므로 밝음에 절대로 들어올 수 없음을 굳게 믿어야 한다. 병을 걱정하고 두려워하면, 내 마음이 어두워져 어둠을 불러들일 수 있으니 그런 어두운 생각을 일절 하지 않는 것이다.

그래도 불안하다면 자기 몸의 세포는 자성이 없으므로 주인의 명령을 따르게 되어있으니, 육체를 향해 '괜찮아 일시적인 현상으로 나타났다가 사라지는 가짜야.' 하고 믿어야 한다. 가짜라고 믿고 반복하는 말은 강한 힘이므로 불안한 마음은 이내 사라진다.

말은 소리 내서 하는 말, 소리 없는 마음으로 하는 말, 표정으로 나타내는 말, 모두가 말이므로 다 겸했을 때 가장 힘 있는 완전한 말이 된다.

■ 저자의 코로나 체험

아내가 코로나에 걸린 나흘 만에 나도 콧물이 나며 독감 같은 증세가 갑자기 나타나 코로나에 걸린 것을 직감했다. '나는 빛이다. 코로나와 같은 어둠은 절대로 들어올 수도 가까이 올 수도 없다.' 라고 상쾌한 기분으로 강하게 몇 번 말하였더니, 그 기운이 깨끗하게 사라져서 다행이라고 여겼었다. 그런데 하루가 지나 그 증세가 또 나타나서 전날과 똑같이 기도를 해보았으나 듣지 않아 이상한 일이다. 하면서 병원에 가서 검진을 받은 결과 코로나 확진 판정을 받고, 약을 먹으며 기도를 했다. 그런데 약해지기는 하면서도 기침은 깨끗하게 떨어지지 않았지만 이내 좋아졌다. 여기서

이상하다는 것은 말로 하면 반드시 듣게 되어있는데, 듣지 않으니 이상하다는 것이다. 왜 그럴까?

어디가 잘못되었는가 코로나를 직감한 첫 번째 기도는 나는 빛이다. 라는 말이 바로 입에서 산뜻하게 나왔지만 두 번째 기도는 별다른 생각 없이 어제는 좋아졌으니까 어제 한 대로 기도를 해봤지만, 효과는 별로였다.

어둠은 없고 병은 없다는 것에 너무 자만해서 나흘간 수칙도 무시하고 코로나에 겁 없이 가까이 간 것이 문제였구나! 그렇다! 위

험한 곳에는 함부로 다가가지 않는 것이 정도(正道)이다. 두 번째 기도가 듣지 않는 것은 정도로 가라는 경고인 것이다! 그래서 세상에는 버릴 것은 하나도 없고 좋은 것만 있다고 또 알게 되었다.

75. 인과응보와 업력

• 홍혁진 사례(99)

기본교육을 마치고 상담 공부를 하면서 질문하기를 인과응보는 있습니까? 과거 또는 전생의 선악으로 지은 길흉화복을 뒷날 그대로 받습니까? 이 질문은 역시 우리가 알고 싶어 하는 부분이다. 자기도 가족도 자식도 누구라도 받을 수 있다. 가족의 고통도 자식의 고통도 나의 고통이므로 사람이든 재물이든 가리지 않고 내 고통이 될 만한 것에는 예외 없이 받는다. 인이 연을 만나면 바로 실현되는 것이 엄연한 사실이다.

인연법과 인과응보가 실현되고 있는 세계가 현상세계인데 인과응보가 없다면 현상세계를 설명할 수 없다. 콩을 심으면 반드시 콩이 나고, 건강관리를 잘하면 반드시 건강해진다는 이 밝은 이치, 인과를 믿고 따르라는 것이다. 인과(因果; 원인과 결과)는 서로 떨어질 수 없는 하나다. 그래서 선인선과, 악인악과이며 원인이 좋으면 결과도 좋다.

"인간이 미혹해서 지은 인과응보로 고통 받는 업을 업보의 몸(身)이라 하고 만인의 행복과 이익을 위해 진리를 설하는 아미타와 같은 몸을 보신의 몸(身)"이라 한다. 잘 알겠습니다. 질문 하나 더 있습니다.

'내가 잘 살고 못사는 것은 내 업의 힘에 따른다는 업력에 대해 알고 싶습니다.'

업력(業力; 인과응보를 이끄는 업의 큰 힘)은 내가 지은 움직이는 힘이다. 나는 생명이므로 생각하는 힘이 강해지면 반드시 강한 방향으로 마음은 움직인다. 내 마음은 힘이 강한 방향으로 움직여 갈 수밖에 없으니 그 방향으로 무엇을 입력시키는가 하는 것은 중요하다. 내 마음에 입력시킨 대로 가감(加減) 없이 그대로 반영이 되므로 '내 마음 밝다면 잘 살고, 내 마음 어둡다면 못산다.'라는 간단하면서 분명한 이치다. 지금까지 내 방식(方式; 어떤 일정한 형식이나 방법)대로 생각하고 행동해 왔다면, 내 마음이 이미 한쪽으로 고정화 되어서 한 방향으로만 생각하고 행동해서 잘못된 어두운 업력(業力)을 스스로 만들었다. 자기가 만든 것을 알지만 마음이 바뀌지 않으므로 이 어두운 업력을 도저히 벗어날 수가 없어서 좋든 싫든 숙명처럼 여기고 그대로 따를 수밖에 없다.

소는 소대로, 개는 개대로, 사자는 사자대로, 두더지는 두더지대로, 새는 새 나름대로, 사람은 사람 나름대로 저마다 사는 방식이 있다. '자기는 옳다는 자기 생각에 집착하여 그 생각을 버리지 못하므로 자기 방식으로 생각하고 행동하며 살 수밖에 없다.' 그래서 진짜 나를 깨달아 마음 바뀌기 전에는 천만 년을 지나도 내 업력을 쉽게 벗어날 수가 없다. 벗어날 수 없다면 지은 대로 살아야 하므로 밝은 업력을 지으며 밝게 살라는 것이다.

우리 공부는 없는 어둠은 바꿀 수가 없으므로 바꾸라고 하지 않고 가장 안전하고 가장 완전한 순수한 본성의 내 마음이 늘 밝은 생각, 밝은 말, 바른 행동을 하도록 한다. 그렇게 하는 것이 참선이 되고, 힘 있는 기도가 되어 참 '나'를 쉽게 깨달을 수 있어 실천행으로 하고 있다.

이 행이 밝은 업력(業力)이 되면 어디를 가던 여기가 바로 천국 정토이므로 밝음만 있으니 마음은 편하고 하는 일은 잘된다. 어둠이 없으므로 두려워할 일도 걱정할 일도 전혀 없다.

'어둠의 업력(業力)은 참 '나'를 깨달아야만 벗어날 수 있으므로' 깨닫기 전까지는 좋든 싫든 당연한 것으로 여기고 힘든 삶을 사는 것이 안타깝다.

반면에 '밝음의 업력은 진짜 나를 쉽게 깨닫게 하고 내 환경을 천국 정토로 변하게 하니' 어둠의 업력과는 하늘과 땅 차이다. '밝게 살면 삶이 밝아지고 어둡게 살면 삶이 어두워진다.' 이 당연한 이치대로 밝음의 업력이 되도록 살아야한다. 예, 이제 확실히 알겠습니다. 밝게 산다는 것이 이렇게 중요하다는 사실을 알았으니 밝게 살고 싶습니다.

76. B형 간염

• 박은희 사례(100)

B형 간염을 앓던 주부다. 어둠은 없고 밝음만 있다는 진리를 믿으면서도 얼른 수긍이 가지 않아 반신반의했던 분이다. 그런데 문득 '밝음만 있다면 바로 지상천국이 아닌가!'라는 것에 마음이 끌

리어 어둠 없고 밝음만 있다고 반복하면서 간염이 있다는 것은 어둠이지! 그렇다. 간염은 없다. 간염이 없다는 것은 밝음이다.' 그래서 간염은 없다고 계속 말하다 보니 어느새 마음에 새겨져 자신감이 생겨났습니다.

그 결과 '저도 의사도 우리 가족도 모두 놀랐습니다.' 40년이 넘도록 신경 쓰고 있었던 'B형 간염이 어느 사이 없어지고 항체까지 생겼다는 좋은 결과를 받았습니다. 정말 오래된 숙제를 끝낸 기쁜 마음으로 세상에는 어둠은 없고 밝음만 있다는 진리에 대한 신념(信念)을 더욱 확신하게 되었습니다.' 라고 하면서 현상세계가 엄연히 존재하고, 이 세계에서 우리가 매일 살고 있는데, 왜 없는 '가상의 세계라 하는지'에 대한 확실한 답을 알고 싶다고 했다.

'진짜 '나'를 깨달아야 한다.' 꿈속에서는 꿈의 일을 해결할 수 없어 꿈을 깨야 해결하듯이, 현상세계에서는 현상계의 일을 해결할 수 없다. 현상세계에서 살고 있다는 꿈을 깨야 한다. 이 꿈을 깨는 것이 참 '나'를 깨닫는 것이다. 깨달으면 '이 세상에는 영원불변하는 전지 전능자인 나만 있다. 나 외는 아무것도 없다고, 현상세계는 없다고 바로 알기 때문이다.' 그리고 현상세계가 가짜세계라고 깨닫게 되니 집착과 애착, 탐진치, 우비 고뇌가 없는 본성의 마음 바탕에 상주(常住)함을 알게 된다.

그래서 '나를 깨달아 나와 남에게 도움을 주며 살겠다는 원(願)을 먼저 세우고 나서'

진짜 '나', 참 '나'를 반드시 깨달아야 한다. 나를 깨닫는다는 것은 내 마음을 바르게 알자는 것이다.

내 마음은 광대무변(廣大無邊)하여 허공과 같이 텅 비어 있다. 텅 비어 있으면서 필요한 것을 다 갖추고 있어, 항상 알아차리고 있다. 알아차리고 있는 이것이 바로 내 마음으로 시공(時空; 시간과 공간)을 초월하여 존재하므로 수명도 무한이고 지혜도 무한이다. 이렇게 위대하고 성스러운 내 마음 외에는 세상천지에 아무것도 없다. 깨닫고 보니 이 세계(현상세계)는 없고, '오온도 없고 오온으로 생긴 일체 불행도 병도 어둠도 없고, 탐진치도 없다.'

나에게 필요한 모든 것은 부족함이 없이 이미 나에게 다 갖추어져 있더라. 내 마음 밖에서는 구할 것도 없고, 구할 수도 없으니 내 마음 살펴 찾아 쓰면 된다.

마치 가정에 수도 전기가 다 공급되어 있어 이미 있는 전기 수도를 그대로 사용하면 되듯, 나에게 갖추어진 모든 것은 다 내 것이니, 내 마음대로 쓰면 된다는 것을 안다.

여기서 나를 확실히 알고, 크게 깨달았다면 부족한 것 없이 필요한 것은 이미 다 갖추어져 있어 구할 것이 없구나! 그렇다 사용하면 되는구나! 를 안다.

어느새 모두의 얼굴은 기쁜 표정으로 밝아졌다. 이 자리가 바로 어둠 없고 밝음만 있는 참 '나' 본성의 자리로, 밝은 생각, 밝은 말만을 하고 있다. 어느새 천국 정토로 변하면서, 환희에 차 합장을 한다.

77. 향기

● 최필선 사례(101)

아침 등산길에 건강해 보이는 잘 생긴 청년을 만났다. 무슨 운동이나 마음공부를 하느냐? 하고 물어 봤다.

별다른 운동은 하지 않고 가야산에서 수년 동안 생식하고 있으며, 해인사에도 가끔 들린다고 했다.

생식하기가 쉽지 않는데 그 결심이 대단하다고 칭찬했다.

'처음엔 마음을 맑게 해보려고 시작했는데, 힘이 많이 들었지요. 생식만을 할 때는 산밑에서 올라오는 사람의 성격과 아침 식사에 무엇을 먹었는지까지 알 수 있을 정도로 마음은 맑고, 예민하고, 몸은 아주 가벼웠습니다. 그렇지만 산에서 내려와 사회생활을 하게 되니 생식하기 이전으로 돌아가는 느낌이 들었습니다.'

그런데 '제가 위장에 탈이 나 있었는데 선생님과 대화하고 있는 사이에 속 쓰림이 없어지면서 몸이 가뿐합니다. 이런 기분은 처음입니다. 선생님으로부터 대단한 힘이 느껴집니다. 이 향기는 아주 순수한 향기로 한번도 경험하지 못했는데 마곡사 암자에 계시는 스님한테서 느껴본 향기와 비슷하면서도 다릅니다. 사방이 확트인 이런 넓은 공간에서 향기를 느낄 수 있고 몸이 바로 좋아지는 것은 정말 대단한 힘이라고 생각됩니다.'

상담하러 오시는 분 중에 간혹 향냄새가 난다며 방을 둘러보는 분은 있었지만, 오늘처럼 자기가 공부한 체험을 구체적으로 말한 적은 없었다.

'우주가 내 마음 안에 있으니 우주는 나와 하나이고 우리의 마음도 하나라는 것, 그리고 현상계는 꿈의 세계라는 것을 알고, 오랫동안 생식을 해서 남의 마음은 어느 정도 압니다. 하지만 제 몸의 병 하나를 제 마음대로 다스리지 못하는데 선생님은 다릅니다. 누구나 하고 싶어 하는 필요한 공부를 하셨습니다.'

이 공부는 어렵지 않다. 바른길(正道)로만 가면 누구나 쉽게 할 수 있는 공부이다. 나라고 하는 진짜 나를 알면 그 다음부터는 자연스럽게 연결이 된다. 그래서 먼저 진짜 나(참 '나')를 깨닫자는 것이다.

참 '나'는 지난 밤 잠을 푹 자고 아침에 일어날 때 오직 느낌으로아, 잠을 잘 잤다고 순간적으로 느껴지는 순수한 밝은 마음이 있다. 이 마음이 진짜 내 마음이면서 바로 참 '나'의 마음이지요. 이 마음자리에서 늘 밝은 생각, 밝은 말, 바른 행동만을 하자는 것이다. 어떤 생각의 출발도 이 자리에서 한다. 이해할 수 있지요?'

딱 와 닿지는 않지만 감은 잡힙니다.

'어떤 생각도 일어나기 전인 참 '나'의 마음자리에서 밝은 생각, 밝은 말, 바른 행동만을 늘 하라고 하시는데, 실천하기가 쉽지는 않겠지만 참으로 중요한 것 같습니다.'

그렇게 하는 것이 바로 참 '나'의 깨달음의 길이다. 계속하면 빠르고 늦을 수는 있지만, 반드시 실현된다.

'선생님, 알고 싶은 것이 있습니다.

선생님으로부터 발산되는 특이한 향기와 그리고 같이 있는 것만

으로도 건강이 이내 좋아지는 이유를 알고 싶습니다.'

그렇다면 쉽게 알도록 나무를 보고 공부해보자. 우리 주변에는 여러 종류의 나무들이 있다. 큰 소나무처럼 싱싱하게 잘 자란 나무는 안으로부터 순수한 기운이 많이 나와, 소나무의 특이한 솔 향기를 많이 발산한다. 가까이서 솔 향기를 맡아보기도 한다. 이 '순수한 기운이 계속 많이 나오면 꽃을 피우겠지요.'

인간도 나무와 마찬가지로 각자의 인격체에서 풍기는 멋이라고 하는 향기가 있다. 늘 밝은 생각, 밝은 말만을 하면서 나와 남을 위한 일을 하고 있다면, 나한테서 나올 수 있는 것은 거짓 없는 순수한 기운밖에 없다. 이 순수한 밝은 기운이 향기이다.

그 기운이 계속해서 많이 나오면 나무가 꽃을 피우듯이, 인간이 꽃을 피운다는 것은 위장에 탈이 난 사람이 낫기를 바랄 때 위장을 바로 낫게 하는 것이 아닐까? 쉽게 말하면 '순수한 밝은 기운을 발산하므로 어두운 기운을 사라지게 하는 것이다.'

꽃을 피우는 궁극의 목적은 나도 남도 유익하게 하는 데 있다.

특이한 향기가 나무마다 다 있지만 순수한 기운이 약한 나무에서는 그 향기를 느낄 수 없고 꽃을 피울 수 없듯이 우리 인간도 순수한 기운이 약하게 발산한다면 향기도 없고 꽃도 피울 수 없다. 그래서 순수한 기운이 늘 발산할 수 있도록 참 '나'를 먼저 깨닫고, 참 '나'의 바탕에서 밝은 생각 밝은 말을 하면서 나와 남을 위해 일하자는 것이다. 그렇게 할 때 모든 일은 순조롭게 잘 풀려나간다.

병이 낫고 취업이 되고 부자가 되는 등등을 이 책에 기록해 놓았다고 해도 내가 한 것은 아니다. 그렇게 하면 반드시 될 수 있다는 길을 안내했을 뿐이다. 이것을 본인이 스스로 믿었기 때문에 바라는 일이 성취된 것이다. 내가 어떻게 해 준 것은 결코 아니다.

　언제 어디에서나 세상에는 어둠 없고 밝음만 있다고 깨닫게 되면 바라는 대로 이루어질 수 있지만, 깨닫지 못하고 믿지 못하면 어디에서, 누구를, 어떤 선지식을 만나도 바라는 일은 이루어지지 않는다는 사실을 명심해야 한다.

5장

부록

| 5장 |
부록

5-1 암자에서 공부한 자료

아마추어 수준에 맞추어 쉽게 알 수 있도록 발췌 수정하였다.

나는 천상천하 유아독존, 영원히 변치 않는 상주불변(常住不變) 참 '나', 전지전능(全知全能)의 신(神), 불(佛)인 나는 우주 전체와 하나이므로 나와 하나인 천지 만물과 화목(和睦)하지 않을 수 없어 화목하게 되니 천지 만물은 모두가 나와 하나(내 편이) 되어 나를 돕게 된다.

그러나 천지 만물과 화목하지 못하면 하나가 되지 못하여 나를 돕지 못하니, 몸의 건강이 나빠질 수도, 연장에 다칠 수도, 악령에 시달릴 수도, 하는 일이 잘못될 수도 있는 것이다.

참 '나'는 밝음이고 사랑이므로 천지 만물과 화목한 사랑이 있는 곳 밝음이 있는 곳에 참 '나'는 항상 함께 있다.

진리의 말을 읽는 자는 생명의 실상 참 '나'를 깨달아 일체 병이 사라지고 죽음을 초월하여 영생하리라.

창조의 주 참 '나'는 오감을 초월하고, 육감도 초월한다. 성(聖), 지상(至上), 무한(無限) 우주를 일관한 마음, 우주를 일관한 생명, 우주를 일관한 법칙, 진리, 광명, 지혜, 절대의 사랑, 이 모두는 대생명(大生命)

절대인 참 '나'가 나타나면 곧 선이 되고 스스로 조화되어 다투는 자 없고, 해치는 자 없고, 병 앓는 자 없고, 괴로운 자 없다.

1) 창조의 주 참 '나'는 일체 만물을 마음으로 만들었다. 마음은 우주에 충만한 실질(實質) 마음만이 전능의 참 '나'이시며 아니 계신 곳 없도다. 참 '나'의 마음 움직여 말씀이 되면 일체의 현상이 전개되어 만물을 이루도다. 만물은 곧 참 '나'의 마음이고, 참 '나'의 말씀, 실재는 영원하여 멸함이 없도다. 미망은 허무하여 순식간에 사라지도다.
미망은 가상, 실재는 진리이며, 오감도, 육감도 초월하여 사람들의 감각에 오르지 않도다. 마음은 우주에 충만한 실질(實質) 마음만이 전지전능의 참 '나'이며, 아니 계신 곳 없도다.

2) 감각은 곧 신념의 그림자를 보는 데 불과하며, 감각으로 볼 수 있는 것은 다 마음의 그림자이지 실재가 아니다.

실재가 아닌 것에는 실제로 가상에 대해서는 실상으로 암흑에 대해서는 빛으로 상대하라. 가상을 부수는 것은 실상, 허망을 일깨우는 것은 진리, 암흑의 무(無)를 증명하는 데는 광명뿐이다.

그들에게 생명의 실상을 깨닫게 하여 '생명의 실상이 바로 참 '나' 그 자체이며 참 '나'는 전부인 고로 참 '나' 외에 창조주는 없다.'

3) 물질은 그 자체에는 지성(知性)이 없고 감각이 없다. 이에 성질을 주는 것은 마음밖에 없다. 마음에 건강을 생각하면 몸은 건강해지고, 마음에 질병을 생각하면 몸은 질병을 앓는다. 진정한 나 자신은 물질도 아니고 육신도 아니며 육신 배후에 있는 영묘무궁(靈妙無窮)한 완전한 존재, 완전무결한 나 자신으로서, 상주(常住) 건강 영원불멸의 생명이다.

4) 실재(實在)는 영원, 무병, 불로불사 이 진리를 아는 것을 도를 깨쳤다고 한다. 실재는 우주에 충만하여 결함이 없으므로 도(道)라 한다. 참 '나'가 곧 도이고 실재(實在)이다. 이 실재를 알고 실재에 주(住) 하는 자는 항상 소멸을 초월한 원상(圓相) 이다.

5) 생명은 생(生)만 알지, 죽음은 몰라. 생명은 실재의 별명이며, 실재는 무시(無始), 무종(無終), 불멸, 불사이므로, 생명 또한 무시, 무종, 불멸, 불사이다.

시간과 공간은 생명의 손 안에 있으니 생명이 주(主)가 되고 시간과 공간은 종(從)이 된다. 공간에 투영(投影)된 생명이 방사한 관념의 무늬를 물질이라 한다.

6) 지혜는 본래 참 '나'의 빛, 각(覺)의 빛이요 무명의 어둠을 밝히는 진리이다. 진리만이 실재이다. 참 '나'는 무량광(無量光), 무변광(無邊光)의 지혜, 무한한 선(善), 무한한 생명, 일체 만물의 실질, 일체 만물의 창조주, 아니 계신 곳 없도다.

무명(無明)은 없는 것을 있다고 상상하므로 무명이라 하고, 미망(迷妄)은 진상을 알지 못하므로 미망이라 한다. 그림자를 실재라고 아는 망상(妄想)을 미망이라 한다.

7) 죄업과 질병과 사망은 참 '나'가 만들지 않았으므로 실재의 탈을 쓰고 있지만 실재가 아니고 허망이니라.

인간은 빛의 소생으로서 항상 빛 가운데 있으므로 어둠을 모르고 좌절을 모르고 장애를 모르고, 저 천인이 천계를 노닐 듯이 또 물고기가 수중을 헤엄치듯이 광명의 세계에서 광명에 충만되고 법열에 충만되어 유유자적하도다.

인간(人間)인 나는 진리다. 진리로부터 보내온 천사이다. 진리로부터 방사하는 빛이다. 미망을 타파하는 빛이다. 진정한 인간은 영(靈)이고, 생명(生命)이고, 사랑이고, 지혜인 고로 죄를 범할 수 없고 병에 걸릴 수도 없는 불사(不死)이다. 병에 걸리는 자는 진성의 인간이 아니다.

참 '나'는 광원(光源)이고 인간의 빛의 근원이며 인간은 참 나로부터 비쳐나온 빛이다. 빛 없는 광원은 없고 광원 없는 빛은 없도다.

빛과 광원은 하나인 것과 같이, 인간과 참 '나'는 한 몸이니라. 참 '나'가 신불이므로 인간 또한 신불이다. 참 '나'는 사랑이므로 인간 또한 사랑이다. 참 '나'가 지혜이므로 인간 또한 지혜이다.

우리들의 자성은 참 '나'(眞我) 임으로 우리 안(心)에만 상락국토(常樂國土)는 있는데 마음 밖에서 이를 추구하는 자는 영원히 상락국토를 구할 수 없다.

성신이 병을 고쳐 보이는 것은 육체는 마음에 따라 생각대로 달라지게 할 수 있다는 사실은 몸은 마음의 그림자라는 진리를 깨닫게 하기 위함이다.

우리를 영원히 살리고 있는 것은 오직 생명뿐이다. 이 생명만이 나이고 너이다. 그 밖에는 나도 없고 너도 없다. 이 생명을 원상(圓相)이라고 한다.

우리는 참 '나'의 빛, 어둠 없고, 병 없고, 늙음 없고, 죽음도 없다.

우리는 참 '나'의 말씀 믿는 자는 끝없는 생명을 얻어 영원히 빛나리라.

나는 참 '나'의 말씀이므로 나의 말은 나의 육신이 말하는 것이 아니라 참 '나'가 나와 함께 있어 나도 또한 나의 말속에 참 '나'의 소리를 듣노라.

살아있는 육체는 마음에 따라 모습을 바꿈으로 건강 또한 마음에 따라 변하는 이 이치를 깨달으면 우리 마음이 육체를 뜻대로 지배할 수 있다.

우리의 마음이 육체를 떠나면 시체로 변하고, 그 시체는 지금까지의 몸을 유지하고 있었던 마음의 힘이 사라짐과 동시에 분해되어 우주의 지수화풍 원소로 다시 돌아간다.

육체를 떠난 마음은 그대로 하나의 개성을 지속시켜 유계에서 소위 영혼의 생활을 하게 되는데, 영혼의 마음이 정화됨에 따라 그에 알맞은 높은 영계로 들어가고 마음이 정화되지 않은 영혼은 그에 알맞은 환경을 마음의 힘으로 지어내어 그 환경 속에서 괴로워하며 산다.

마음의 정화를 위해서는 참 '나'가 만들지 않은 악(惡)을, 부정(否定)을, 괴로움을, 병을 생각하지 말라.

실재의 무(無), 이를 악이라, 부정이라, 괴로움이라, 병이라 한다. 어두운 마음으로 병을 두려워 하면 없는 병도 실재처럼 나타난다.

그래서 우리 마음에 항상 완전, 원만, 청정한 밝은 모습을 그리라는 것이다. 인간은 참 '나' 이외 그 밖의 어떤 것도 아니다. '완전, 원만한 참 '나'에는 오관의 망상인 불행도 병도 생길 수가 없다.'

어떤 병 어떤 불행이든 참 '나'의 표면을 가린 뭉게구름과 같은 환영에 지나지 않는다. 이 환영은 다 참 '나'를 깨닫지 못한 망상에서 생긴 것이다. 참 '나'를 깨달아 망상이 사라지면 두려움이 사라지고 두려움이 사라지면 일체의 불행과 병은 스스로 소멸한다.

이 몸은 거품처럼, 무지개처럼, 환상처럼, 파동처럼 오래 머물지 못하고 삽시간에 사라지므로 실재가 아니다.

실재는 법신(法身), 불신(佛身), 금강신(金剛身) 불괴신(不壞身)이
며 바로 나다. 부서지지 않고 죽지 않는 것이 바로 나다. 세상천지
에 가득 차 있는 것이 바로 나다.

죄(罪)의 무(無)를 설한다고 하여, 본래 죄 없으니 참회도 필요치
않다는 것은 잘못이다. 죄는 본래 어둠이어서 빛을 만날 때 스스로
멸하지만 숨어 빛을 만나지 않게 하면 악에 대한 집착으로 어둠은
그대로 남아있다.

죄는 본래 없으니 괜찮다고 자기를 속이는 일은 자기를 은폐시켜
본래의 밝은 모습의 나타남을 막는다.

우리가 진심으로 참회할 때 그 찰나부터 그의 모든 존재는 정화
되어 본래 참 '나'인 원상을 나타낸다.

무생물인 물질에서 일어나는 과학적인 법칙과 살아있는 생명체
에서 일어나는 생명의 법칙과는 다르다.

생명은 물질의 법칙을 이용하면서도 물질의 법칙에는 구속되지
않는다. 물질의 법칙을 넘어서서 스스로 바라는 모습으로 육체를
구성하는 이것이 생명이고, 목숨이다.

그러므로 살아있는 육체는 생명의 법칙이 물질의 법칙에 우선하
는 것이다. 어머니 몸속에서 난자로 있었을 때는 폐도 심장도 위장
도 없었다. 일체의 내장이 아직 없는 난자도 그 안에 생명이 깃들 때
허파도 심장도 위도 스스로 힘으로 무(無)에서 유(有)를 창조한다.

각종의 출혈로 인하여 죽은 사람이 전쟁에서 죽은 사람보다 더
많다고 한다. 출혈을 두려워 말라 생명은 피보다 위대한 것이다.

출혈한 다음 순간 생명은 스스로 고치는 힘으로 출혈하는 혈관을 막아 새로운 피를 만들기 시작한다.

열이 있다고 두려워 말라 그것은 노여움이나, 두려움, 초조한 마음의 그림자에 불과하다. 노여움, 두려움, 초조한 마음을 진정시켜 안정을 찾으면 오르던 열은 스스로 정상으로 되느니라.

안정을 찾는 비결은 오직 '고맙습니다.' 하고 모든 것에 감사하는 마음에 달려있다. 두려워하는 마음을 버리고 생명의 불가사의한 다스리는 힘을 찬탄하라.

피의 순환은 마음에 따라 변한다. 단지 부끄러운 감정 정도로 얼굴이 붉어지기도 하고 조금만 놀라도 심장이 두근거리기도 한다.

모든 병을 고치는 길은 감정을 평화롭게 하는 데 있다. 미움을 사랑으로, 불평을 감사로 바꾸고, 슬픔 대신 기쁜 마음을 일으켜라. 기꺼이 '만인을 위한 일에 힘쓰면, 모든 병은 우리를 범할 수 없고, 이미 병든 자도 곧 낫게 되리라.'

병이 낫기를 바란다면 병을 마음에서 놓으라고 한다. 송충이가 없는데도 '목덜미에 송충이가' 하면 민감한 피부는 그 자국이 부어오르지만, 송충이 없다는 말을 들으면 부어오르던 자국이 바로 사라진다. 모든 내장 기관의 염증도 거기에 병균이 있다는 말을 들으면 병균이 없어도 염증이 생기기도 하지만 병균이 없다는 말을 들으면 염증은 홀연히 사라진다.

그대는 영성(靈性)이지 물질이 아님을 알라. 영성은 세균이 기생할 수 없는 참 '나'이다.

생명의 본성은 동(動)이지, 정(靜)은 아니다. 생명의 실상은 일할수록 건강한 실상을 나타낸다.

갖가지 죄나 미망에 마음이 사로잡히는 것은 깨달음에서 이탈되어 어둠에 사로잡혀 빛을 잃은 것이다. 물질의 법칙은 우리를 지배할 수 없다. 어둠의 법칙도 우리를 지배할 수 없다.

병은 본래 없으니 병의 원인도 본래 없다. 병을 낱낱이 들추지 말라. 병도 없고, 죄도 없고, 미망도 없고, 죽음도 없다고 알면 어느 곳에도 두려움은 없다. 질투, 증오 등 어두운 생각은 건강의 회복을 막는다. 항상 마음에 사랑과 평화와 지혜와 조화만을 가득 채우면 참 '나'는 형상으로도 아름답게 나타난다.

병에 어떤 변화가 오더라도 참 '나'의 완전 원만함을 믿고 마음을 동요시키지 말라. 마음이 동요하면 병의 증세도 동요한다. 동요하는 마음을 진정시키기는 어려우니 너의 온 존재를 참 '나'에게 맡겨버리라. 참 '나' 외에는 어떤 것도 존재하지 않는다. 참 '나'는 선(善)이니 어떤 악도 존재하지 않는다. 참 '나'는 완전이니 어떤 병도 존재하지 않는다. 참 '나'는 생명이니 죽음은 존재하지 않는다.

없는 병을 있다고 생각하고 걱정하는 이것이 병이다. 괴롭다 아프다라는 생각을 하지 않으면 병은 어디에도 있을 수 없다.

이 진리를 깨닫고서 육체에 심한 변화를 보일지라도 두려워 말라. 높이 쌓은 너의 과거의 미망이 사라지는 소리이다. 미망은 괴로워해도 참 '나'는 괴로움이 없다.

5-2 진아관(眞我觀)

〈진아 찬양〉

내 마음 본성의 마음, 맑고 청정하여 티 하나 없구나.

참 '나'인 내 마음 아무것도 섞이지 않아 항상 순수하고 밝아 어떤 어둠도 미망도 접근(接近)할 수 없구나.

참 '나'인 내 마음 하늘보다 더 넓고 크며 경계가 없으니 남이 없고 모두가 하나, 우주가 하나이니 서로 화목하지 않을 수 없구나.

참 '나'는 영원불변, 시공을 초월한 전지전능, 항상 깨어 있어 무한 지혜, 힘이 내면으로부터 솟아나 모르는 것 없고 못 하는 것이 없구나.

참 '나'는 어둠을 모르고 밝음만을 앎으로 밝은 생각, 밝은 말, 바른 행동을 늘 스스로 하고 있으니 여기가 더 바랄 것이 없는 상락아정(常樂我淨) 극락정토이구나!

〈이 정토에는〉

밝음만 있고 어둠은 없도다

실상만 있고 가상은 없도다

조화만 있고 불화는 없도다

사랑만 있고 미움은 없도다
자유만 있고 구속은 없도다

〈후렴〉
아주묘묘 본성심 시신금강 법신불
만사원만 대조화 광명편조 극락정토

(我住妙妙 本性心 是身金剛 法身佛
萬事圓滿 大調和 光明遍照 極樂淨土)

이런 생각들이 어느새 내 마음에 확고하게 자리 잡고 있어 환희
에 찬 마음으로 이 영원한 진리를 과감하게 책 표제로 선정했다.
그리고 나에게 일어난 어떤 어둠(공포)도 어둠이 아니므로 원인을
바로 알아 해결해야 할 일이라고 알았다.

이 '본성의 마음은 영원불변임으로 어떤 힘에 의해서도 절대로
상처받거나 파손될 수 없는 가장 안전하고, 진무구(盡無垢) 진청정
(盡淸淨) 해서 가장 완전하며, 그리고 분별심은 아예 없는 순수한
밝은 마음이 바로 본성의 마음이라고 확실히 알았다.'

이 본성의 마음을 알고 본성의 마음으로 늘 밝은 생각, 밝은 말,
바른 행동을 누가 시키지도 않았는데 스스로 하고 있다면, 본성의
마음을 이탈하지 않는 원상(圓相)으로 이보다 더 밝은 참선이 어디
있고, 이보다 더 힘 있는 기도가 어디에 있단 말인가? 왜냐하면 모

두에게 이익이 되고 필요한 것은 이미 다 갖추어져 있는 본성의 마음, 실상의 세계에서는 말이 힘이므로 말하는 대로 이루어지기 때문이다.

　내 마음이 본성의 마음인 줄도 모르고 내가 참 '나'라는 것도 모르고 있다면, 부득이 분별심을 내며 사는 현상세계의 삶에 따라 알맞은 기도를 하며 정진해야 한다. 육조단경에서 밝은 면을 인용해 보자 신수대사가 우리 마음을 거울과 같이 늘 깨끗이 닦아 맑게 하자는 것은, 현상세계의 삶에서는 지극히 당연한 말이다. 그러나 해능대사는 실상세계 진리 면에서 우리 본성의 마음은, 때 묻지 않고 번뇌 없고 맑고 깨끗해서 닦지 않아도 본래 완전하다고 하여. 실상 세계에서도 지극히 당연한 말이므로 서로가 상반된 말을 하는 것 같지만, 밝은 면을 보니 다 같이 합당한 말임을 알 수가 있다.

　분별심으로 사는 현상세계에서는 몸을 가지고 있어 그만큼 자유가 구속된 삶이다. 개는 목줄에 묶이고 소는 콧줄에 묶이어 자유가 구속되어 산다. 사람은 육체를 가진 것만으로도 육체에 구속되어 있다. 깨닫기 전에는 분별심이라는 자기 밧줄에 묶인 줄도 모르고 산다. 그렇게 살며 일하고 기도하고 참선도 한다.

　이처럼 분별심으로 제약을 받으며 하는 기도와 참선의 힘은, 분별심이 없는 본성의 청정한 밝은 마음으로 늘 밝은 생각, 밝은 말, 바른 행동을 하며, 나와 남에게 이익과 도움 되는 실천행(實踐行) 기도와 참선의 힘에는 하늘과 땅 차이로 비교할 수가 없다.

분별심을 일으키는 현상세계를 벗어나려면 분별심을 일으키지 말라고 말로 해서는 안 되고 참 '나'를 먼저 깨닫게 하여 어둠 없고 밝음만 있다는 사실을 알면 된다. 대다수 사람은 참 '나'를 모르며 전체를 보지 않고 오직 하나의 대상(공포)에만 매달려 확대해서 보는 어리석은 집착으로 밝음을 보지 못한다. 어둠만을 보고 있으니 없는 문제가 생겨나서 이웃 간에도 조화하지 못하고 갈등 속에서 힘들게 살아가는 현실이 안타깝다.

　그래서 현실적으로 힘들고 어려운 일을 맞이하더라도 절대로 힘들다, 어렵다, 하지 말고 그 어둠 속에서 그 문제만을 풀려고 애쓰지 말고 그 일 전체를 놓고 보면 어둠은 없으므로 답이 보인다.

　그래도 전체를 보라는 것이 이해가 안 되면 가을이 되어 나뭇잎이 떨어지는 것을 보고 잎이 떨어지면 안 된다고 걱정하고 있었다면 그 떨어지는 잎에서는 답을 찾을 수 없다. 하지만 나무 전체를 보면 나무가 살기 위해서는 잎이 떨어질 수밖에 없는 이유를 자연의 이치에서 깨달을 수 있다.

　그래서 전체를 보라는 것이다. 전체를 보니 잎이 떨어지는 것은 걱정할 일이 아니고 나무를 살리는 필요한 일이다. 나뭇잎이 떨어지면 죽는다는 어둠 없고 오히려 떨어지면 산다는 밝음만 있다.

　이처럼 집과 암자에서 실상관과 단전호흡을 쉬지 않고 수행하는 사이 나는 지금까지 경험하지 못한 많은 변화가 내 몸과 마음에서 일어났다.

먼저 목소리가 맑고 힘이 생기며 얼굴은 밝아지고 피부는 젊은이와 같이 윤기가 있으며 얼굴이 피어난다고들 했다. 마음은 편하고 매사에 여유가 있고 하는 일에 자신감이 붙었다.

그러던 어느 날, 새벽녘에 방안이 환하게 밝아 벌써 날이 밝았구나 하며 눈을 떠보니 방안도 창밖도 아직 어둡고 캄캄하여 날이 새지 않았다. 신비스러운 일이군! 눈을 감고 있었다. 방안이 환하게 밝아 보이는 이런 일은 그 뒤에는 자주 일어났다,

여기서 밝다고 해도 사물이 있는 그대로 보이는 그런 밝음이 아니고 눈을 감고 있는데 주위가 환하게 밝다는 것이다.

그래서 왜 환하게 밝은지, 알고 싶어 한번은 눈을 위로 간신히 치뜨고 보니 엄청나게 큰 둥근달의 가장자리로 여겨지는 끝부분을 조금 볼 수 있었다. 그렇구나! 이렇게 크고 밝은 달이 하늘에 있어 밝게 보인다고 느끼기도 했다. 또 한번은 광원(光源)에서 발산하는 빛이 온 시야를 너무 강렬하게 비추어 눈이 부셔, 도저히 볼 수가 없었다. 눈을 다칠까 봐 고개를 돌리고 보니 이 '강렬한 빛은 외부에서 발산한 빛이 아니고 나의 참'나'에서 발산한 빛이 아닌가!' 그렇다. 빛은 항상 발산되고 있는데 미혹해서 보지 못했구나! 이 빛은 참'나'의 빛, 지혜의 빛, 바로 '나'임을 깨닫고 보니, 온 '우주에 충만한 이 빛에는 어떤 어둠, 불행, 미망은 접근할 수도, 함께 공존도 할 수 없다.' 그러므로 이 세상에는 오직 밝음만 있음을 여기서 또 한 번 깨닫는다.

이렇게 공부가 향상되며 스님의 가르침에 대한 강한 열의로 한 사람의 결석자도 없었고, 지각 한번 하지 않은 알찬 공부가 되었다. 그러면서, 꼭 알아야 할 기본적인 공부, 나는 어떤 존재이고 무엇을 할 수 있는가? 실상과 현상(心), 지혜 말(言), 신심(信心), 무명, 물질, 실재, 죄, 인간 등 2주간의 알찬 공부가 아쉬움 속에서 끝나면서 많은 진전이 있어 스님의 지도에 감사를 드렸다.

우리는 이 우주에 꽉 찬 지혜와 힘, 즉 참 '나'의 지혜와 힘을 잘 활용할 수 있어야 하므로, 먼저 나 즉, 참 '나'(眞我) 가 어떤 존재이고 무엇을 할 수 있는가를 깨닫는 것이 가장 중요하다.

참 '나'를 깨닫는 것이 어렵다고들 하지만 그렇지 않고 매우 쉽다. 그러면 함께 깨달음으로 들어가 본다.

내가 밤에 잠을 푹 자고, 아침에 잠에서 깨어나면서, 아 참 잘 잤다! 라고 하는 그 느낌의 흐뭇한 순간, 어떤 생각도 일어나기 전(前) 그 순간의 순수(粹純) 한 마음이 참 '나'의 마음이다.

어떤 생각도 일어나기 전이니 내 의식 속에는 오직 나만 있는 이 자리가 바로 참 '나'의 마음자리이다.

아~ 이 순수한 밝은 마음이 바로 참 '나'의 마음자리였구나! 하고 쉽게 깨달았다면, 큰 감동을 일으켜야 한다.

참 '나'는 우리가 깨닫든 깨닫지 못했던 우리 의식의 중심이므로 생사(生死)와 관계없이 절대로 참 '나'를 떠날 수가 없어 항상 나와 함께 있다. 다시 말해 내 마음은 참 '나'와 하나이므로 그 힘으로 살고 있지만, 이 사실을 모르고 있으니 너무나 안타깝다.

참 '나'를 깨닫기만 하면 참 '나'의 속성을 내 것으로 쓸 수 있다. 틀림없이 그렇다고 강하게 믿어도 좋은데 이것을 깨닫는 것이 가장 소중한 일이다.

우리 의식의 가장 밑바닥은 텅 비어 있으면서 신령스럽게 알아차린다고 해서 공적영지(空寂靈智)라 한다.

종을 치면 종소리를 알고, 치지 않으면 소리가 나지 않는 것을 알며, 비가 오면 비가 오는 것을 알고, 비가 그치면 그친 것을 아는, '늘 알고 있는 참 '나' 가 바로 나'임을 확실히 깨달았다.

그리고 보니 참 '나'의 지혜와 힘이 바로 나의 지혜와 힘이구나! 그대로 사용하면 되는구나.

잘 활용(活用)하며 사는 것이 내가 사는 길이고 세세생생 대원(大願)을 성취하는 길이구나!

하나의 생각을 일으키면 나와 남으로 구분되면서 내 마음 안에 나도 있고 남도 있으니 이미 참 '나'는 아니다. 그러니 참 '나'의 마음은 다른 어떤 생각도 섞이지 않는 순수한 밝음이므로, 참 '나'의 본성 자리는 항상 밝고 청정하여 어떤 어둠(暗黑)도 접근할 수 없고 어떤 미망(迷妄)도 접근할 수 없으니 탐진치(貪瞋痴; 탐하고 성내고 어리석음)와 같은 어두운 마음은 참 '나'에 얼씬도 할 수가 없다.

참 '나'의 본성에는 어둠도 없고 미망도 없다. 미망이 없으니 미망으로 인한 두려움, 병, 죽음도 없다.

그리고 참 '나'는 나와 남을 구분하지 않으니 경계가 없다. 경계가 없으니 나와 남이 있을 수 없고 전체가 나이다. 이 우주가 나고,

내가 우주이고 우주의 주인이다. 우주의 주인인 나, 개아(個我)는 자유자재하여 지상에 올 때도 지상을 떠날 때도 내가 오는 것이고 내가 가는 것이다.

하지만 넓은 의미로 나, 진여(眞如; 사물의 있는 그대로의 모습 뜻으로, 우주 만유의 본체인 평등하고 차별이 없는 절대 진리를 말함)는 온 우주에 없는 곳 없이 꽉 차 있으므로 이미 와 있고 가 있으니 전체가 하나인 나는 오고 감이 없는 것이다.

우리가 진짜 나를 깨닫고 행복하게 사는 데는 현상의 없음과 어둠, 실상의 있음과 밝음을 분명히 아는 지혜가 필요하다.

먼저 현상의 없음을 불교에서는

1) 우리의 육체(肉體)이든 심(精神 의식)이든 쉬지 않고 변해가기 때문에 고정된 실체가 없으니 나라고 내세울 수 있는 것은 아무것도 없다. 그래서 나를 무아(無我)라 하고 이 무아를 깨닫는 것이 아공(我空) 이다.

2) 현상세계의 모든(皆) 것은 쉬지 않고 변(變)해가므로 고정된 실체가 없고 항상(恒常) 함이 없으므로 무상(無常)이라 한다. 이 무상을 깨닫는 것이 법공(法空)이다.

고정된 실체가 없다는 것을 엄격히 말하면 이것이라 할 때 이것은 이미 다른 것으로 변하고 있기 때문이다. 다만 그 변화 속도가 빠르고 늦을 뿐이지 어떤 것도 이 변화에서 벗어날 수는 절대로 없다. 그저 현상이 변해가는 과정을 보고 좋다, 싫다 하고 웃고, 울 뿐이다.

3) 고정된 실체가 없는 현상계에서는 구(求)하려고 해도 구할 것이 없고, 가(持)지려 해도 가질 것이 없다.

주(授)려고 해도 줄 것이 없고, 버(捨)리려 해도 버릴 것이 없다. 내려놓(放)으려 해도 내려놓을 것이 없다.

이 공(空)의 없음을 깨닫는 것이 구공(俱空)이다.

이처럼 아공, 법공, 구공은 다 공(空) 하여 없는 데 반해서 참 '나'(眞我; 진짜나)는 영원히 존재한다.

참 '나'는 거짓이 없는 순수한 밝은 마음으로 하늘보다 더 넓고 크면서 허공과 같이 모양도 형상도 없이 텅 비어 있으면서, 필요한 것 다 갖추고 늘 깨어 있어 알아차리고 있다. 추운 줄 알고, 더운 줄 아는 이 마음이 내 마음 참 '나'로 시공(時空)을 초월하여 존재하는 수명도, 지혜도 무한이다.

현상계 삼공(空)이 없음을 깨달았다면 1관문을 통과한 것으로 보고, 참 '나' 있음을 깨달았다면 2관문도 확실하게 통과한 것으로 보자. 1관문인 없음(無)과 2관문인 있음(有)은 서로 의존하고 있어서 현상의 모든 것 참 '나'의 바탕에서 생겨나고 참 '나'는 현상의 모든 것에서 드러나고 있다. 실상은 텅 빈 공(空)인데 우리 의식에 따라 나타난 것이 현상세계이다.

이처럼 현상계와 실상계가 둘이 아니고 하나로 마치 동전 앞면과 뒷면처럼 뗄 내야 뗄 수 없으므로 서로가 보완적인 깨달음이 될 수밖에 없다. 왜냐하면, 없음을 분명하게 깨달았다면 무엇인가가 있어야 하니 있음이 선명하게 떠오르고, 있음을 확실하게 깨달았다면 참 '나' 이외는 모두가 변해가므로 변해가는 것은 없는 것으로 없음을 바로 알 수가 있다. 있음과 없음은 수레의 두 바퀴처럼 같이 굴러가야 제 기능을 다 할 수 있겠지만, 어느 한쪽만 깨닫게 되어서는 즉 바퀴 하나로서는 수레는 굴러갈 수가 없듯이 우리의 신앙도 믿음도 제대로 굴러갈 수가 없다.

그러니 유·무 한쪽만 깨달을 수가 있는 것이 아니고 한쪽을 확실하게 깨달으면 다른 한쪽은 쉽게 알아서 따라오게 되어있다. 그러니 유(有)와 무(無)를 함께 깨닫느냐? 깨닫지 못하느냐? 에 있다. 쉽게 말해서 참 '나' 있음(有)을 확실(確實)하게 깨달았다면 바로 삼공(三空)의 없음(無)도 깨닫게 되어 어떤 것에도 걸림 없는 완전한 깨달음이다. 하지만 있음도 없음도 구분이 안 된다면 완전(完全)한 깨달음은 아니다.

고정된 것이 없으므로(無) 공(空)인데, 없는 것을 있다고 착각하고 내 것으로 마음대로 하려고 하니, 바라는 대로 안 되면 고통이 올 수밖에 없다.

문제는 현상과 실상을 현상의 없음과 참 '나'의 있음을 구분하지 못하는 데서 일어나고, 없는 것을 있다고 붙잡았으니 낭패가 난 것이다. 모든 문제가 여기에서 생겨나므로 오직 있는 것을 먼저 알자는 것이다. 그러면 나머지는 없으므로 쉽게 구분할 수가 있다. 세상에는 참 '나'만 있다. 참 '나'가 거짓 없는 순수한 밝은 마음이다.

밝은 마음에 오직 존재할 수 있는 것은 선만 있고 악은 없다. 건강만 있고 질병은 없다. 사랑만 있고 증오는 없다. 성공만 있고 실패는 없다. 밝은 마음에는 어둠인 번뇌도 탐진치도 절대 들어갈 수가 없으니 없다는 것이다. 그러므로 어둠은 본래부터 없고 밝음만 있다고 많은 사람에게 전하다 보니, 상상을 초월하여 건강. 사업 등 바라는 쪽으로 모든 것이 이루어지는 놀라운 결과들이 나와서 더욱 확신하게 되었다.

그리고 우리 인간은 본래부터 스스로 갖추고 사는 무한한 힘이 개개인 모두에게 있구나! 내 마음은 하늘보다 더 넓고 크면서 텅 비어 있구나! 비어 있으면서도 항상 알아차리고 있는 이것이 진짜 내 마음이구나! 하고 깨닫는 것이 가장 소중하다.

이 밝은 마음을 잘 모르니 대개 사람들은 가짜를 잡고 진짜라고 속아서 괴로워하고 있다. 괴로워하는 사람들에게 세상에는 밝음밖에 없다는 사실을 전하여, 나 스스로 쉽게 해결할 수 있는 길이 있음을 알게 하려고 당당하게 세상에는 밝음만 있다, 어둠은 없다고 선언한 것이다.

여기에 어둠도 있고, 병도 있고, 고통도 있지 않아요? 라고 한다면 빛이 없기 때문이다. 빛이 없는 것이 어둠이다. 이 말은 영원한 진리다. 어둠은 빛이 들어오면 바로 사라진다. 육체의 병과 마음의 고통 등 어둠에 대하여 가짜라고, 없다고 선언하는 것 이것이 진리의 빛이다. 왜, 가짜라 하느냐?

우리가 병이라고 하는 이것은 진짜 병으로 나타난 것이 아니라, 조심하라고 주의를 보내는 경고등(警告燈)이다. 그래서 가짜라는 것이다. 운전하는 승용차만 보아도 쉽게 알 수 있다. 연료를 주입

하라는 신호가 오면 기름을 넣으면 되고 차에서 평소와 다른 소리가 나면 수리를 받으면 된다. 그냥 두면 주행할 수가 없게 된다. 이럴 때 경고등을 보고 차가 고장 났다고 할 수는 없다.

우리 몸에도 경고등에 불이 들어올 수 있는데 병원에서 무슨 병명을 붙이면 그때부터 환자로 바뀌고, 가족, 친지, 이웃 사람들 모두가 함께 병을 인정하므로 병의 씨앗은 더욱 확실하게 심어지고 걱정하면 할수록 큰 공포가 되어 더욱 빨리 자라게 된다.

지금까지는 나 혼자서 자라도록(병의 진행) 거름(근심, 걱정)을 주었는데 이제 여럿이 합세하여 거름을 많이 주고 관심까지 가지니 빨리 자랄 수밖에 없다. 어둠(악)은 어둠을 부르기 때문에, 병은 병을 불러오게 되어 건강은 더 나빠지고 환자는 놀라고 긴장을 하게 된다. 이때 중요한 것은 어둠(병)이 깊어져 더 나빠진 것 같이 보여도 당황하지 말고 절대 병이라고 인정하지 말라는 것이다. 오히려 자신에 찬 강한 말로 이것은 병이 아니야, 본래가 없는 가짜야, 경고등이야, 몇 번이나 반복한다 그래도 마음이 무겁고 신경이 쓰이면, 내 육신과 대화를 한다.

내 몸에 있는 천억 조의 세포는 듣고 있으니 몸을 향해 괜찮아! 잘하고 있어 자신 있고 힘 있는 말로 반복한다. 내 몸의 세포와 나는 일체(一體)이다. 나의 육체 세포는 자성이 없으므로 내가 지시한 대로 따르지 않을 수 없다. '나는 나를 살리는 무한한 힘을 믿고 내 몸을 믿는다.' 하고 선언한다. 물 한 컵을 마시려고 탁자 앞으로 두 다리로 걸어가서 손으로 컵을 잡고 물을 따르고 마시게 된다. 이때 육체의 주인인 내가 다리는 걸어가라 팔은 움직여 손으로 컵을 잡아라 등등 이런 말을 결코 안 하지만, 팔과 다리는 내 생각과 내 의식이 의도한 데로 동시에 움직이는 것이다. 이는 주인의 의도에 매우 민감하여 질서나 체계가 조금도 흐트러지지 않고 일사불란하게 움직여 즉각 반응이 일어나게 한다. 놀라면 가슴이 두근두근하고 무서우면 소름이 끼치고 무안을 당하면 얼굴이 붉어진다. 이렇게 내 육체 세포는 내 마음 바뀜에 따라 몸이 바로 달라진다.

마음에 따라 몸이 달라지는 것을 보고 과연 그렇구나! 하면서 일체유심조(一切唯心造; 세상의 모든 것은 오직 마음으로 짓는다)를 더욱 실감하게 된다. 우리는 몸 건강하기를 바란다. 건강을 바란다면 먼저 마음이 건강해(밝아야)야 한다. 마음의 건강을 위해서는 참 '나'인 나는 무엇을 할 수 있는 어떤 존재인가? 실상의 있음과 현상의 없음을 먼저 깨닫는 것이 순서이다. 깨닫지 못하면 없는 것을 있다고 착각하기 때문에, 일상생활 속에서 오는 근심, 걱정, 고통, 번뇌, 망상, 탐진치 등으로 받는 스트레스로 늘 마음은 어둡고 우울하여 몸은 무겁고 소화불량, 변비, 불면 등으로 고통을 받는다.

자기 몸을 사랑한다면 혹사하거나 긴장시켜 괴롭혀서는 안 된다.

「세상에는 어둠은 없고 밝음만 있는데 없는 것은 인정하지 말고, 오직 실존(實存)하는 밝음만 인정하라」 이 말은 영원불변(永遠不變)의 진리다.

이 진리를 먼저 믿고 밝게 살도록 한다.

5-3 실상관

실상(實相)을 관(觀)하는 이 실상관을 아침에 일어나서 한 번, 저녁에 잠자기 10분 전에 한 번, 하루에 두 번을 꾸준히 하면 생명의 실상을 깨달을 수 있는 기도문이다. 어느 종교에서나 실상은 하나이므로 내가 믿는 종교로 편한 이름으로 기도하면 된다.

實相觀

〈초신가(招神歌) 낭송〉

일체의 생명을 살리시는 성신(聖神)이시여. 이에 임 하시와 충만하소서.

나의 삶은 나의 삶이 아니라 천지(天地)를 일관하는 성신의 생명(生命).

나의 행(行)함은 나의 행함이 아니라 천지를 일관하는 聖神의 권능.

천지간(天地間) 성신의 진리(眞理)를 전하러 강림하신 생장(生長)의 집의 聖神이시여 수호하소서. (세번)

〈실상(實相)을 관(觀)하는 노래〉

성신은 전부의 전부, 성신은 완전한 생명, 성신은 완전한 지혜, 성신은 완전한 사랑.

일체 만물 속에는 성신의 생명 깃들고 성신의 지혜 깃들고 성신의 사랑 깃드네.

성신은 전부요 전부는 일체니 일체 만물은 하나의 힘 이를 살리었네.

천지의 창조주는 유일의 성신이시니 천지는 하나의 세계 묘하도다.
조화 충만.

〈후렴〉(3번)

아주묘묘 실상계

시신금강 신불생

만사원만 대조화

광명편조 실상계

성신은 생명이요 나는 성신의 소생이니

나는 모두를 살리고 모두는 나를 살리네.

성신은 지혜이며 나는 성신의 소생이니

나는 모두를 이해하고 모두는 나를 이해하네.

성신은 사랑이요 나는 성신의 소생이니

나는 모두를 사랑하고 모두는 나를 사랑하네.

성신은 전부요 나는 성신의 소생이니

내가 원하면 天地가 응하고 내가 동하면 우주가 動하네.

〈후렴〉(3번)

我住妙妙 實相界

是身金剛 神佛生

萬事圓滿 大調和
光明遍照 實相界

생장(生長)의 집(용궁해장龍宮海藏, 비로자나불 또는 하나님이 계시는 집, 實相의 세계)을 통하여 활동하시는 성신이시여 이 합장을 안테나로 해서 대생명(大生命)과 일체가 되게 하소서(9번)

나는 지금 오관(五官)의 세계(중생계, 衆生界)를 벗어나 실상(實相)의 세계에 앉는다. (9번)

내가 지금 앉아 있는 곳은 실상의 세계
성신의 무한의 생명의 바다
성신의 무한의 지혜의 바다
성신의 무한의 사랑의 바다
성신의 무한의 공급의 바다
성신의 무한의 환희의 바다
성신의 무한의 조화의 바다이다. (9번)

이 대조화(大調和)의 실상의 세계에서 나는 지금 성신[神,佛]의 아들로서 성신으로부터 무한의 살리는 힘의 공급을 받고 있다. (9번)

〈감사(感謝)의 염(念)을 일으킴〉

시방제불보살(十方諸佛菩薩)과 생장의 집을 통하여 활동하시는 성신과 나의 과거 다생(多生)의 조상과 스승과 부모 형제와 이웃과 천지자연에 감사합니다. (30번 정도)

세상에는 **밝음**만 있다

지은이 : 박종욱
펴낸이 : 사단법인 통섭불교원

초판 1쇄 인쇄 : 2023년 1월 31일
초판 1쇄 발행 : 2023년 2월 7일

등록번호 : 제 344-2022-000012 호
등록일자 : 2022년 9월 19일

주소 : 대구시 남구 두류공원로 10, 4층
Te : (053) 474-1208, Fax : (053)794-0087
E-mail : tongsub2013@daum.net
홈페이지 : www.itongsub.com

값 : 20,000원
ISBN 979-11-980269-0-3